KB119007

급할 것도 없고요,
정답도 없습니다

급할 것도 없고요, 정답도 없습니다

밑미, 슝슝 공저

불안을 성장으로
바꿔주는
현실 고민 상담소

내 속도로 살고 싶었는데…

위즈덤하우스

고민 없는 사람은 없으니까요

밸런스 게임 한번 해볼까요? 단 하나의 고민도 없는 삶 대 끊임없이 고민하는 삶, 두 가지 중 하나를 선택하라고 한다면 뭘 고를 건가요?

처음에 저는 단 하나의 고민도 없는 삶을 선택하는 것이 당연하다고 생각했어요. 고민이 없다면 마음은 항상 평온하고 걱정이나 불안, 스트레스도 없고 그야말로 완벽할 테니까요. 그런데 좀 더 생각해보니 '아무 고민 없이 완벽한 삶을 진짜 삶이라고 할 수 있을까?'라는 의문이 들기 시작했어요. 우리는 고민하는 만큼 상황을 이해하고 해결 방법을 모색하고 나를 발견하고 변화를 시도하면서 성장하고 성숙하니까요.

지난 4년간 〈밑미레터〉 '고민 상담소' 코너에서 400건이 넘는 다양한 고민을 만났어요. 〈밑미레터〉의 주요 독자인 20~30대의 고민이 가장 많았지만 때때로 10대 청소년이나 60~70대도 장문의 고민을 털어놓았어요.

고민 없는 사람은 없어요. 아무리 겉으로 완벽해 보이는 사람도, 걱정이라고는 하나 없이 태평해 보이는 사람도 나름의 고민이 있어요. 고민이 없다고 하는 사람일수록 오히려 커다란 고민을 회피하고 있을지 몰라요.

사실 내가 어떤 고민을 하고 있는지 정확하게 알고 이야기할 수 있는 것만으로도 고민은 이미 풀리기 시작했다고 할 수 있어요. 그래서일까요? 고민 상담소에 고민을 보낸 분들의 공통적인 이야기 중 하나는 '이렇게 고민을 글로 털어놓는 것만으로도 위안이 된다'라는 말이었어요. 나의 고민을 글로 쓰며 고민과 함께 한 덩어리로 뭉쳐있던 감정이 풀리고 한 발짝 떨어져서 그것을 바라보는 힘이 생긴 거죠.

고민 상담소로 도착한 다양한 사연을 마주하고 처음에는 '어떻게 이 문제를 해결해줄 수 있을까'를 고민했어요. 하지만 시간이 지나며 정말 중요한 건 고민하는 사람의 마음에 진심으로 공감하고 있음을 전달하는 것임을 알게 됐어요. 우리가 무엇보다 먼저 전해야 할 메시지는 완벽하지 않고 문제투성이인 것 같은 현재의 나를 기꺼이 인정하고 사랑하는 힘을 기르자는 부탁이라는 걸 깨달았어요.

고민이란 게 그렇잖아요? 지금 이 문제만 해결되면 아무 걱정도 없이 살 수 있을 것 같지만 해결의 실마리였던 것이 또 다른 고민을 불러오기도 하고, 때때로 드물게 고민 없는 평온한 순간이 찾아와도 '왜 나는 고민도 하나 없는지'를 고민하게 되고 말이죠. 세상에 태어나 살아가는 이상 우리는 끊임없이 고민과 함께 살아갈 수밖에 없으니까요.

이 책에는 누구나 한번쯤 겪었을 다양한 고민과 그 고민에 대한 밑미와 슝슝의 답변이 담겨 있어요. 첫 번째 파트에는 내가 나를 힘들게 해서 생긴 고민, 두 번째 파트에는 관계에서 오는 고민, 세 번째 파트에는 세상이 나를 힘들게 해서 생긴 고민, 네 번째 파트에는 나답게 잘 살기 위한 고민을 담았어요.

처음에는 고민에 딱 맞는 정답을 제시하려고 노력했어요. 하지만 우리가 이 책을 쓰면서 알게 된 건 고민에는 하나의 정답이 있지 않다는 거예요. 또 삶의 방식에는 급할 것도 정답도 없으니 오롯이 경험하며 성장해야 한다는 것도요. 결국 우리의 다양한 고민을 해결하는 시작점은 밖이 아닌 내 안에 있어요.

　고민은 우리를 힘들게 하기도 하지만, 우리는 고민을 알아차리면서 그동안 몰랐던 나의 모습을 배우고 과거 패턴을 깨트리고 나다운 삶으로 조금씩 나아가요. 고민 없는 삶이 불가능하다면 고민과 함께 더 잘 사는 법을 같이 알아봐요. 우리 삶은 비슷하면서도 저마다 다르고 고유하잖아요. 이 책이 편안하고 즐겁게, 무엇보다 나답게 삶을 누리고자 애쓰는 당신에게 작은 위로와 반가운 도움, 다정한 응원이 되길 바라요.

차례

PART 2

혼자 있고 싶지만 혼자이기 싫어 고민하는 당신에게

세상에 치여 쪼그라들어 고민하는 당신에게

PART 3

나답게 내 속도로 살아가기 위해 고민하는 당신에게

PART 4

언제나 나를 제일 못살게 구는 건 나임을 고백해요. 다른 사람의 시선, 사회의 평가를 두려워한다고 하지만 사실은 나도 나를 못마땅해하고 미워하죠. 나조차 좋아하지 않는 나를 누가 좋아할까요? 사랑할 만해서, 멋지고 매력적이어서가 아니라 나의 가장 가까이에서 평생을 함께하는 나라서 너그럽게 바라보기로, 꼭 손잡아주고 안아주기로, 조건 없이 사랑하기로 다짐하는 건 어떨까요? 당신의 마음이 대답을 기다리고 있어요.

PART 1

내가 나를
힘들게 해서
고민하는 당신에게

다른 사람이
나를 어떻게 평가할지
걱정돼요

Q 타인의 시선을 견디기가 어려워요

안녕하세요. 졸업을 앞둔 대학생입니다. 제 고민은 사람이 너무 어렵다는 거예요. 상대에게 비칠 제 모습이 별로일까 봐 두렵고 제 말과 행동 하나하나가 모두 평가 대상이라는 생각이 들어요.

공부가 전부였던 저는 불안 때문에 첫 수능을 크게 망쳤어요. 성적에 맞춰 대학에 갔지만 열등감에 혼자 도서관에 다니며 재수를 했습니다. 재수까지 망치고 원래 다니던 학교로 돌아온 뒤에는 시험뿐만 아니라 제 삶이 손쓸 수 없을 정도로 완전히 망가졌다고 느꼈어요.

아마 그때부터 우스운 사람이 되고 싶지 않다는 마음에 타인의 시선을 의식하기 시작했던 것 같아요. 괜찮은 사람처럼 보이기 위해 다양한 대외 활동에도 참여했지만 뭐 하나 제대로 해내지 못했어요.

지금은 전처럼 저를 탓하진 않지만 여전히 많은 것이 불안하고 스스로를 믿을 수가 없어요. 다른 사람과 대화할 때 조금이라도 어설픈 제 모습이 보이면 견디기 어려워 숨고 싶어져요. 불안해서 식은땀이 나고 속이 불편해지기도 합니다. 누군가와 대화하고 의견 나눌 일을 피한 지 벌써 4년째더라고요.

최근에는 피하기만 하면 아무것도 바뀌지 않는다는 것을 깨닫고 노력하고 있어요. 카페 아르바이트를 시작했고 작은 모임에도 참여합니다. '언젠간 나아지겠지' 생각하다가도 겨우 인사 한마디, 소감 한마디를 앞두고 벌벌 떠는 저를 보면 막막해요. 제게는 타인과의 스몰 토크가 그 무엇보다도 크고 어렵게 느껴지거든요. 가족이나 친구라고 해도 마찬가지예요. 어떻게 하면 아무렇지 않게 다른 사람과 이야기할 수 있을까요? 어떻게 하면 다른 사람이 저를 어떻게 생각할지 걱정하지 않을 수 있을까요? _동글

내가 나를 먼저 인정하고 사랑해주세요

먼저 사과하고 싶어요. 동글의 이야기를 들으며 마음이 무거웠습니다. 동글과 똑같이 수능 하나만 바라보며 불안하고 답답한 10대를 보냈으면서도 동글이 저와 똑같이 못된 사회 기준에 깊은 상처를 받기까지 더 나은 세상을 만들기 위해 수년간 제가 한 일이 너무 없네요. 사회인으로서 책임을 느껴요.

10대 후반과 20대를 괴롭힌 불안과 좌절의 이유를 자신으로만 돌리지 말아주세요. 10대 끝자락에 보는 시험 한 번에 남은 인생이 모두 걸려 있다고 어린아이를 협박하고 불안을 조장한 범인은 저를 포함한 기성세대와 우리 사회니까요.

그 모진 상황에서 동글은 불안해도 열심을 다하고 좌절해도 다시 힘을 내고 상처받은 마음을 달래며 모임에 나가고 아르바이트를 하고 있어요. 내게 편안하고 호의적이지 않았던 사회에 한 사람으로 기여하려고 최선을 다하고 있어요. 그건 당연하고 평범한 일이 아니라 고맙고 미안한 일입니다. 스스로 붙들고 살아내줘 고맙습니다.

한 가지 반가운 사실은 이미 동글은 자기 상황을 객관적으로 잘 관찰하고 있다는 거예요. "사람이 너무 어렵다" "상대에게 비칠 내 모습이 별로일까 두렵고 불안하다" "내가 나를 믿을 수 없다" "대화할 때 어설프게 평가받을까 봐 불편하다" 하는 것은 사실 스스로 쉽게 인정하기 힘든 나의 취약한 모습이잖아요.

우리에게는 자신의 취약한 점을 보고 싶지 않아 하는 경향이 있어요. 그래서 나의 못나고 약한 모습은 감춰두고 아예 보지 않으려 하기도 하고 기억을 왜곡해 사실 두렵고 힘든데 하나도 그렇지 않은 척, 오히려 더 강한 척을 하기도 해요. 이렇게 자기 모습을 제대로 보지 못하면 마음은 점점 더 힘들어지고 아무 변화도 만들 수 없어요.

하지만 동글은 자신의 힘들고 나약하고 취약한 면을 숨기지 않고 그대로 바라봐주고 드러내고 있잖아요. 진짜 변화는 이렇게 자기 모습을 있는 그대로 관찰하고 이야기할 때 시작돼요. 어쩌면 동글의 변화는 이미 시작됐는지도 몰라요. 그럼 이제 동글이 지닌 불안과 두려움을 한번 살펴보도록 해요.

나의 가치를 어디에서 찾고 있나요?

운 좋게 성격과 능력이(혹은 재력이) 현 사회의 엄격한 기준에 딱 들어맞는 소수를 제외하면 대부분은 나를 환대하지 않는 세상의 평가와 비난에 대한 두려움을 가지고 있어요. 동글은 가족과 친구 등 타인과 이야기를 나누는 게 어렵다고 했죠. 그 이유는 분명합니다. 그들이 나를 부정적으로 볼 거라 추측하기 때문이죠. 지금은 아니더라도 언젠가 그들에게 나의 불안과 실패, 발버둥을 들킨다면 무시당하거나 비난받거나 미움받을 거라고 생각하는 거예요. 이런 생각이 사실이 아니라는 걸 알면서도 우리는 종종 두려움에 사로잡히고 맙니다.

우리는 태어나면서부터 무의식적으로 좋은 것과 나쁜 것, 우월한 것과 열등한 것의 기준을 주입받아요. 그리고 그 기준에 따라 죽을 때까지 끊임없이 경주를 해야 한다고 세뇌받죠. 공부를 열심히 해 명문 대학에 가고, 좋은 직장에 가서 돈을 많이 벌고 승진을 하고 연봉을 높이며, 비싼 차와 부유한 지역의 집을 소유하고, 좋은 옷을 입으며 외모와 피부를 가꾸고, 원만한 대인 관계를 만들며 조건이 비슷한 사람과 결혼해 아이를 낳고, 그 아이를 사다리 꼭대기로 보내는 삶이 성공한 삶이라고요.

이렇게 성공의 기준을 좁게 갖고 삶을 살아가는 건 자기가 만든 지옥에 스스로를 가두는 것과 같아요. 엄격하고 완벽한 나만의 성공 기준이 있고 그 기준에 미치지 못하면 자책하고 자괴감을 느끼는 거죠. 내가 만든 이 기준에 따라 타인도 나를 평가할 거라고 무의식적으로 생각해 말 한마디도 자유롭게 못해요. 늘 누군가 나를 평가하지는 않을까 불편하고 불안한 마음으로 살죠.

이 불안한 마음을 계속 파고들어 가보면 사회가 이야기하는 성공 기준에 부합하지 않는 삶, 내가 생각하는 완벽의 기준에 못 미치는 삶을 살면 남에게 인정받지 못할 것이고 사랑받지 못할 것이라는 궁극적인 두려움이 존재해요. 인정받고 싶고 사랑받고 싶은 욕구는 인간으로 태어났다면 누구나 지닌 욕구예요. 인간은 가장 연약한 상태로 세상에 태어나요. 혼자서는 움직일 수도, 먹을 수도 없게 태어난 아이는 다른 동물에 비해 훨씬 긴 시간 누군가의 보호와 도움을 받아야 생존할 수 있죠. 그래서 우리는 자신의 의견이나 생각 대신 우리에게 도움을 주는 사람, 부모나 선생님 혹은 또래 집단의 가치와 기준을 받아들여요.

모두가 무조건적인 사랑과 인정을 받고 자랄 수 있다면 좋겠지만 사실 그런 사람은 정말 소수겠죠. 그만큼 많은 사람이 인정받지 못할까 봐, 사랑받지 못할까 봐 끊임없이 불안해하고 두려워하며 남의 기준에 나를 맞추고 내가 정말 원하는 것이 아니라 타인이 혹은 사회가 원하는 일을 하면서 인정받고 사랑받고자 노력해요. 인정받고 싶고 사랑받고 싶은데 그들이 정한 기준에 들지 못하거나 괜히 말을 잘못했다가 잘못 평가받지는 않을까 걱정돼 피하고 싶고 숨어버리고 싶어 하죠.

나를 인정하고 사랑해주는 연습을 해요

나를 가장 안정적이고 지속적으로 인정해줄 수 있는 사람은 누구일까요? 부모님? 친한 친구? 연인? 아니에요. 바로 내가 돼야 해요. 그러기 위해서는 스스로를 인정해주는 방법을 배워야 합니다. 타인의 인정을 갈구하며 살아가는 삶은 늘 불안하고 위태로울 수밖에 없어요. '좀 더 좋은 회사에 취업하면' '연봉이 좀 더 오르면' '경력이 쌓이면' '다이어트에 성공하면' 같은 조건부 인정이 아닌 '지금 이렇게 부족한 면이 있지만 그래도 나는 내가 좋고 스스로를 인정해' 하는 인식 전환이 필요해요. 어렸을 적 부모에게 무조건적인 지지와 인정을 받지 못했다 해도 괜찮아요. 어린 내가 받지 못한 인정과 사랑을 어른이 된 내가 직접 줄 수 있으니까요.

그래서 저는 어떻게 하고 있냐고요? 내가 미워지고 타인의 평가가 신경 쓰이면 울적하니 가라앉은 마음을 달래려 좋아하는 책을 읽고 필사합니다. 퇴근 후에는 산책을 하며 요즘 빠져 있는 음악을 들어요. 아쉬운 것보다는 그래도 잘하고 있는 것을 생각하며 이 정도면 괜찮은 거라고 스스로를 칭찬해줘요. 때때로 친한 친구에게 징징대며 하소연도 해요. 요약하면 할 수 있는 일은 하고, 나의 작은 장점이라도 찾아내 칭찬해주고 생각과 감정은 혼자 살살 달래거나 가까운 사람에게 털어놓고 조언을 구하죠.

힌트가 좀 됐나요? 이 세상에 불안과 두려움 없이 살아가는 사람은 없어요. **계속 걱정해도 됩니다.** 인간이라면 힘든 과거와 막막한 미래 사이에서 불안해하는 게 당연하니까요. 이미 동글은 그런 감정을 갖고도 살아내고 있습니다.

이건 비밀인데요, 동글이 다른 사람을 피해 다닌 4년은 사실 동글에게 꼭 필요한 회복기였습니다. 그 4년 동안 동글의 마음은 잠시 잃어버린 힘을 찾아 사람들 속으로 들어갈 준비를 한 거였어요. 그리고 정말 다시 나아가고 있고요. 동글, 이렇게까지 애쓰며 해내고 있는 스스로가 정말 애틋하고 대견하지 않나요? 동글이 부정적인 생각과 감정을 달래 추스르고 자신의 좋은 점을 찾아 칭찬해주고 끝까지 내 편이 돼줄 사람을 만나 서로 등을 맡기고 좌절하는 방법은 저와 다르겠지만 동글은 동글만의 방법을 찾아갈 겁니다.

다른 사람이 아니라 내가 좋아하는 것, 내가 원하는 것을 생각하고 그 일이 아주 작은 일일지라도 내게 해주는 것도 좋은 방법이에요. 남들이 뭐라 하든 내가 좋아하는 스타일의 옷을 사보는 것, 눈치 보느라 메뉴를 통일하지 않고 내가 진짜 먹고 싶은 음식을 시키는 것 같은 사소한 행동부터 시작해보세요. 그리고 내 욕구에 솔직해진 나를 칭찬하고 인정해주세요.

확실한 건 동글은 그 과정을 이미 시작했다는 거예요. 모임과 아르바이트로요. 좋은 책 읽기와 글쓰기, 교내 학생상담센터 심리 상담, 유산소운동과 명상, 혼자 여행 등의 활동 중에 끌리는 게 있다면 쉬운 것부터 하나씩 경험하며 동글에게 꼭 맞는 '자기돌봄과 성장 포트폴리오'를 완성해가길 바랍니다.

급할 것도 없고요, 정답도 없습니다. 평생에 걸쳐 조금씩 나답게 사는 게 편안하고 즐겁고 감사한 시간을 늘려가면 됩니다. 그 길 어딘가에 저도 있습니다. 우리 언젠가 반갑게 만나요. 그때까지 저도 힘을 내보겠습니다. 글을 시작하며 묻지 못한 동글의 안녕을 비는 마음, 멀리서나마 전합니다.

앞으로
어떻게 살아야 하나
막막해요

Q 어떻게 저를 보살펴야 할까요?

어렸을 때부터 공부만 해왔고 지금도 계속 시험공부 중입니다. 하지만 아직 목표에 도달하지 못해서 좌절감이 큽니다. 공부와 일을 제외한 여가 활동을 하면 생산적이지 않은 일이라는 생각이 들어 불안하고 초조해집니다.

이제 넘어져도 일어날 힘조차 없는 것 같습니다. 시험을 놓아줘야 할 거 같기도 하고요. 그동안 자신을 보살피는 시간은 거의 갖지 않았기 때문에 앞으로 뭘 해야 할지도 모르겠는데 어떻게 하면 좋을까요? _젤리

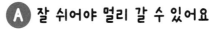

잘 쉬어야 멀리 갈 수 있어요

오래 준비한 시험에서 목표에 도달하지 못해 낙심한 젤리에게 어떤 말이 위로가 될까요. 차라리 젤리와 가까운 누군가에게 부탁하고 싶어요. 온종일 젤리와 함께해주라고요. 만나면 아무 말 말고 오래 꼭 안아주라고요. 젤리가 가장 좋아하는 음식을 배부르게 먹고 손 꼭 잡고 산책하고 카페에서 달달한 디저트와 맛있는 음료를 시켜놓고 젤리 이야기를 들어주라고요. 걱정 없이 뛰어다니던 어린 시절 추억부터 어떤 삶을 살고 싶었고 어떤 세상을 만들고 싶었는지, 학창 시절부터 공부, 공부, 공부 하는 틈틈이 어떤 웃기고 어이없고 슬프고 힘든 별별 일이 다 있었는지까지 웃고 울고 한숨 쉬고 아련해하며 전부 쏟아내고 '다 지난 일이구나' '이렇게 살아와서 결국 오늘에 이르렀구나' 하는 헛헛하고 조금은 홀가분한 침묵만 남을 때까지요.

20대 초반, 서른이 넘은 선배와 이야기를 나눈 적이 있어요. 그 선배는 잘 다니던 회사를 그만두고 앞으로 뭘 해야 할지 고민하러 멀리 여행을 떠난다고 했죠. '아니, 서른

살이나 됐는데 앞으로 뭘 해야 할지 모른다고?' 당시 저는 서른 살 즈음에는 자기 자신을 의심하지도 않고 내 길을 불안해하지도 않으며 모든 게 확실해져 있으리라 생각했어요. 드라마나 영화에 나오는 성공한 주인공처럼요. 그래서 막막함을 이야기하는 선배를 보며 나는 절대 저렇게 나이 들지 말아야겠다고 다짐했죠. 그런데 막상 서른이 훌쩍 넘어보니 이제는 그 선배의 막막함을 누구보다 잘 이해할 수 있을 것 같아요. 인생은 머릿속에서 시뮬레이션을 돌리듯 간단히 플레이할 수 있는 게임이 아니었던 거죠.

괴테의 《파우스트》에는 "인간은 노력하는 한 방황한다"라는 문장이 있어요. 얼핏 말이 안 되는 것처럼 보여요. 노력하면 방황하지 않고 스스로 가야 할 길을 분명히 알 것 같잖아요. 그래서 은연중에 내가 지금 흔들리고 힘든 이유는 노력하지 않기 때문이라고 생각하기 쉬워요. 나를 잘 보살피는 일이 왠지 사치처럼 여겨지고 더 열심히 노력해 확실한 상태를 성취해야 한다고 생각하기도 해요. 우리가 자신에게 잠깐의 휴식도 허락하지 않고 스스로 채찍질하는 이유죠. 그런데 세기의 대문호 괴테는 방황이 노력의 증거라고 해요. 노력이 부족해 방황하는 것이 아니라 노력하고 뭔가를 끊임없이 추구하기 때문에 방황할 수 있다는 뜻이죠.

내가 세운 계획이 마음처럼 이뤄지지 않아 더 열심히 해야 한다는 생각이 들어 나를 위해 시간을 쓰기 어려운 상황에서는 모든 것이 막막하게 느껴질 수 있어요. 하지만 그런 생각이 들어 방황한다는 건 내가 지금까지 노력했고 뭔가를 지향하기 때문일지도 몰라요. 그러니 초조함과 불안감, 좌절감은 잠시 내려두고 지금까지 열심히 노력한 나 자신에게 잘했다고 칭찬을 해주세요.

24시간 생산적으로 살아야 한다는 강박

사실 젤리만 생산적이지 않은 일을 하면 불안하고 초초해 하는 건 아니에요. 잘 쉬는 것은 멈춤을 뜻하지 않아요. 이는 더 멀리 가기 위해 꼭 필요한 과정이에요. 하지만 우리는 마음 놓고 쉴 때 불안해하며 생산적이지 못한 스스로를 자책하곤 해요.

생산성과 효율성은 언제부턴가 우리 삶의 모든 영역을

침범하기 시작했어요. 같은 시간에 일을 더 많이 하면 여가를 더 오래 누릴 수 있다는 약속과 함께 생산성이란 개념이 등장했죠. 하지만 일터에서 생겨난 이 개념은 우리에게 여가를 늘려주는 대신 삶의 모든 부문에서 더 생산적이고 효율적인 삶을 살아야만 옳다는 강박을 심어주기 시작했어요. 그 강박 탓에 우리는 지키지 못할 스케줄로 하루를 꽉꽉 채우고 행여 계획을 지키지 못하면 죄책감을 느껴요. 가끔 아무것도 하지 않아도 괜찮은 빈 시간이 생겨도 그 시간을 즐기는 대신 뭐라도 해야 할 것 같다는 압박을 느끼며 제대로 쉬지도, 일하지도 못하는 찜찜한 시간을 보내죠.

스마트폰과 소셜미디어의 등장은 우리의 생산성 강박을 증폭했어요. 기술은 삶의 모든 부분을 좀 더 세밀하게 측정하고 기록하고 전시할 수 있게 해줬고 개인은 마치 기업이 제품을 만들고 마케팅하듯 자기 삶을 포장하고 보여주며 관리해야 한다는 압박을 느끼기 시작했어요. 멋지게 편집된 타인의 삶의 조각은 완벽의 기준이 되고 편집되지 않은 내 인생은 어딘가 부족하게 느껴져요. 여행을 떠나도 그 순간을 온전히 느끼며 즐기기보다는 소셜미디어에 올리기 좋은 사진을 찍어야 한다는 압박을 느끼고, 달리기를 하거나 운동을 할 때도 내 몸에 주의를 기울이고 감각을 느끼기보다는 앱에 측정된 기록을 더 신경 써요. 마케터가 성과를 측정하듯 자신이 올린 글의 '좋아요' 수나 댓글 수를 신경 쓰며 어떻게 하면 더 좋은 성과가 날까 고민하기도 하죠. 이렇게 삶의 모든 부분을 측정하고 기록하고 전시하다 보면 나라는 존재를 위한 시간은 사라지고 나를 더 좋은 상품으로 만들기 위한 시간만 남아요. 내가 정말 원하는 게 뭔지 찾고 그걸 이루기 위해 견디는 시간은 쓸모없어 보이고 남에게 좋아 보이는 걸 찾아 잽싸게 보여주는 게 가치 있는 일이라 착각하기도 해요.

이렇게 생산성과 효율성을 삶의 가장 우선순위에 두면 늘 긴장 속에 살 수밖에 없어요. 이때 우리 몸은 스트레스 호르몬을 분비하고 교감신경을 활성화해요. 근육이 긴장되고 심장박동이 빨라지고 혈압이 높아지죠. 예민하고 민첩하게 움직이기 위해 소화작용은 느려지고요.

과거에는 맹수에게서 도망칠 때나 사냥을 할 때처럼 짧고 강력한 긴장이 필요할 때 교감신경이 활성화됐어요. 이를 통해 인간은 위기에서 탈출할 수 있었고 위험한 상황에서 벗어난 몸은 곧바로 부교감신경을 활성화해 휴식하고 이완할 수 있게 했죠.

하지만 지금은 어떤가요? 더는 맹수에 습격당할 일도 사냥할 일도 없지만 우리는 끊임없이 긴장하고 신경 쓰며 교감신경을 활성화해요. 이렇게 일상의 대부분을 맹수에 쫓기는 모드로 생활하다 보면 우리 몸의 항상성은 깨지고 늘 피곤하다고 느끼며 스트레스로 인한 다양한 질병에 시달리게 된답니다. 지금 우리가 살아가는 빠르고 바쁜 현대 사회는 개인을 끊임없는 긴장과 스트레스 상황으로 내몰기 쉬워요. 이럴 때일수록 의식적으로 멈춰서 진정한 휴식 시간을 가져야 해요.

정말 잘 쉬기 위해 우리는 어떻게 할 수 있을까요? 단순히 '잘 쉬어야겠다'는 의지력을 발휘하는 것보다는 내 주변 환경을 바꾸는 게 더 중요해요. 그다음 나에게 충분한 이완의 시간을 주는 거예요. 아무리 탄성 좋은 고무줄도 계속 당기다 보면 끊어지듯 우리 몸과 마음을 건강하게 유지하려면 고무줄을 느슨하게 하는 이완의 시간이 필요해요. 천천히 호흡하며 걷거나 명상이나 요가를 하거나 감사한 일을 떠올리며 감사일기를 쓰는 것 같은 활동은 부교감

신경을 활성화하고 우리 몸과 마음이 충분히 이완하도록 도와줄 수 있어요. 새나 나무를 관찰하고 자연을 걷는 산책도 일상의 바쁜 속도에서 벗어나 충분히 이완하게 도와주는 좋은 활동이죠.

스스로에게 충분한 시간을 주세요

다시 고민으로 돌아갈게요. 젤리는 앞으로 어떻게 살아야 할까요? 지금 많이 지친 젤리에게 무엇보다 필요한 건 새로운 방향을 결정하고 잘 시작하기 위한 회복의 시간입니다. 합격하고 취직하고 돈을 버는 일이 자본주의 세상에서 먹고사는 데 꼭 필요한 과정은 맞지만 전부는 절대로 아니며, 그러지 않고 있다 하더라도 젤리의 존재가 유일하고 소중하다는 사실은 훼손되지 않아요.

이 말이 와닿지 않을 수도 있어요. 그럴 만하고 그래도 괜찮아요. 앞으로 어떻게 해야 할지 젤리도 저도 잘 모르지만 지금은 좀 쉬세요. 수년 달려왔으니 한두 달은 안식월을 가져도 마땅하지만 어렵다면 딱 일주일이라도요. 어디로라도 떠나세요. 조용히 산책하며 자유롭게 쉴 수 있는 곳이면 좋겠죠.

그다음은 그 후에 생각해요. 고요한 마음, 편안한 몸으로 가장 지혜로운 젤리가 돼서요. 다시 목표를 세우고 기간을 정하고 시험 공부를 시작할 수도 있겠죠. 아니면 시험공부를 끝내고 새로운 목표를 찾아볼 수도 있고요. 사회적 인정이 아니라 내 안의 바람에 귀 기울이는 시간을 가져도 괜찮아요. 생활비를 벌어야 한다면 시간제로 일하며 여행과 모임, 수업 등 새로운 자극을 탐색해도 되고요. 성공했든 좌절했든 과거는 경험으로 남습니다. 현재의 젤리는 어떤 선택이든 할 수 있고, 선택한 삶을 살아가며 성장하고 성숙할 거예요. 젤리, 정말 수고 많았어요. 같은 시대에 태어나 각자의 고단한 삶을 살고 있는 동료 여행자 젤리에게 멀리서나마 응원하는 마음을 보냅니다.

인생이
만신창이가 된 것
같아요

Q 아프기 전의 일상으로 돌아가고 싶어요

건강관리를 잘했다고 생각했는데 예상치 못한 병이 발견돼 두 달 전 큰 수술을 받았어요. 연차도, 돈도 다 쓰고 건강이 나빠져 운동 능력도 예전 같지 않고 몸이 안 좋으니 주변 사람에게도 예민해지고 회사에서도 실수가 잦아요. 이 와중에 연인과도 이별해서 인생이 만신창이가 된 것 같아요.

병원 치료는 끝났지만 두 달 전 삶을 회복할 수 있을지 모르겠어요. 예전에는 항상 건강하고 밝았는데 요즘에는 매일 힘이 없어 누워 있고 스트레스도 심해 잠도 잘 못 자요. 폭식과 폭음도 하고 이러다 다시 예전 상태로 돌아가지 못할까 봐 걱정돼요. 겨우 두 달 만에 저를 이렇게 만들어버렸다는 자괴감이 들고 힘든 지금을 어떻게 버텨야 할지 모르겠어요. 시간이 지나면 나아질까요? _토란

삶은 때때로 가차 없지만 우리는 희망을 선택할 수 있어요

잘 왔어요, 토란. 무엇보다 이 말로 답변을 시작하고 싶네요. 우울과 무기력의 깊은 늪에 그대로 잠긴다 해도 그럴 만하다고 인정할 수밖에 없는 일을 겪었으면서도 힘을 내 고민 상담소를 찾아줬네요. 토란의 강인한 의지와 큰 용기가 제 마음을 떨리게 해 바로 답변을 못하고 토란의 이야기를 품고 한참을 있었어요.

먼저 충분히 슬퍼하세요. 토란이 겪고 있는 상황이 삶에 대한 의지와 스스로에 대한 믿음이 흔들릴 만한 어려운 일임을 꼭 기억했으면 좋겠어요. 지금 토란이 하는 걱정, 느끼는 막막함 모두 누구라도 겪을 당연하고도 자연스러운 감정이에요. 예민하고 실수하고 누워 있고 힘이 안 나는 자신을 그대로 수용해주세요. "그래, 지금 너는 그럴 만한 상황이야. 그러니까 충분히 더 그래도 돼"라고 소리 내 말해주세요.

"너무 슬프다. 내게 이런 일이 일어난 게. 하늘이 원망스럽다. 나 정말 열심히 살아왔는데. 이렇게 되니 정말 다 끝난 것 같다. 이런 내 몸도, 이러고 있는 나도 싫다. 나 정말 원하는 삶이 있었는데, 점점 완성해가고 있었는데." 이렇게 원하던 것, 잃어버린 것을 떠올리고 이야기하며 충분히, 아주 충분히 슬퍼하세요.

현재 토란은 건강하게 마음껏 일하고 운동했던 경험과 기억을 옆으로 치우고 다시 어린아이처럼 하나둘 걸음마 단계부터 해야 하는 상황이잖아요. 과거에 하던 일과 새로운 일을 병행하기는 너무 어려울 거예요. 잃어버린 것을 애도하고 과거의 나를 내려놔야 지금 내 상황과 상태를 제대로 이해할 수 있어요. 그래야 어디부터 시작할지 보이고 그러고 나서 첫걸음을 떼는 게 순서라고, 돌아가는 길 같아 보여도 그게 꾸준히 멀리 갈 수 있는 방법이라고 저는 믿어요.

우리 뇌가 이야기를 만들어내는 방식

제가 토란의 현재 상황을 직접 바꿔주기는 어렵겠지만 지금 겪는 문제를 조금 다른 시각으로 바라볼 것을 제안하고 싶어요. 우리는 내게 일어나는 일이 내 삶을 희극 또는 비극으로 만든다고 생각해요. 하지만 내가 이야기를 어떻게 구성하는지에 따라 똑같은 경험이 희극이 될 수도, 비극이 될 수도 있어요.

비 오는 날 우산을 깜박해 비를 맞고 집에 와야 했다고 해볼까요. 누군가는 '우산을 가져다줄 사람이 없어서 혼자 비참하게 비를 맞고 집에 와야 했어. 내 인생은 앞으로도 이렇게 비참할 거야' 하고 비관적으로 해석할 수도 있지만 또 누군가는 '우산을 깜박해 비를 맞았지만 날씨가 춥지 않아서 감기에 걸리지 않았으니 다행이야. 꼭 영화 주인공이 된 것 같은 기분이 들어서 재밌었어. 우산을 깜박한 덕분에 재밌는 경험을 했네!' 하고 전혀 다르게 해석할 수도 있죠.

커뮤니케이션 학자 김주환 연세대 교수는 책《회복탄력성》에서 '뇌는 경험을 있는 그대로 구성하지 않고 그중 일부를 뇌가 익숙한 방식으로 취사선택한 후 자신이 믿는 방식으로 스토리를 만들어낸다'라고 이야기해요. 뇌가 비관적인 방식으로 생각하는 데 익숙하다면 아무리 좋은 일을 경험해도 부정적으로 취사선택해 이야기를 만들어내고, 낙관적인 방식에 익숙하다면 아무리 힘든 일을 겪어도 긍정적으로 해석한다는 거죠.

비관적인 사람은 나쁜 일이 일어나면 하필 내게만 이런 일이 일어났고 그 일은 계속 진행될 것이며 모든 상황이 다 좋지 않다는 식으로 확대 해석해요. 반면 좋은 일이 일어나면 어쩌다 운이 좋아 일어났을 뿐이고 이번만 그럴 뿐 반복되지 않을 것이라는 식으로 축소 해석하는 경향이 있어요. 하지만 낙관적인 사람은 이와는 전혀 다른 방식으로 생각해요. 나쁜 일을 경험해도 어쩌다 좋지 않은 일이 일어났을 뿐이니 금세 지나갈 거라며 크게 의미를 두지 않고, 좋은 일을 경험하면 역시 나는 운이 좋다고 생각하며 내가 하는 일은 다 잘될 거고 앞으로도 이런 일이 이어질 거라고 일반화하죠.

토란처럼 삶에서 어려운 일을 겪다 보면 뇌가 비관적 방식으로 생각하는 데 익숙해져 미래를 더 많이 걱정하게 되고 자주 초조해질 수 있어요. 지금까지 안 좋은 일이 생겼으니 앞으로도 나쁜 일이 벌어지리라 생각할 수 있죠. 하지만 이럴 때일수록 뇌가 이야기를 구성하는 방식에 따라 우리는 같은 사건에도 전혀 다르게 반응한다는 사실을 기억해야 해요.

뇌의 스토리텔링을 바꾸는 방법

감사한 사실은 훈련을 통해 뇌가 이야기를 만들어내는 방식을 충분히 바꿀 수 있다는 거예요. 심리학자 앨버트 엘리스Albert Ellis는 '인간의 고통은 외부 사건 자체가 아니라 그에 대한 생각으로 발생한다'라고 이야기하며 '비합리적 신념을 합리적 신념으로 변화시킴으로써 우리가 경험하는 고통을 줄이고 행복감을 높일 수 있다'라고 해요.

앞에서 이야기한 예시를 다시 살펴볼까요. 비 오는 날 우산이 없어 비를 쫄딱 맞으며 집에 오는 경험을 한 사람은 평소 신념에 의해 그 사건을 평가해요. '나는 뭐 하나 제대로 하는 게 없어' '내가 힘든 일을 겪었을 때 도와줄 사람이 없을 거야' 같은 비합리적 신념을 갖고 있다면 '혼자서 비참하게 비를 맞고 집에 와야 했다. 내 인생은 앞으로도 이렇게 비참할 거다'와 같이 반응하게 된다는 거죠.

엘리스는 이런 비합리적 신념을 알아차리고 이에 직접 반박해보라고 이야기해요. 그렇게 생각해야 할 충분한 근거가 있는지, 내 신념이 내 삶을 행복하게 하는 데 도움이 되는지, 그 일이 일어난 다른 이유는 없는지 스스로 반박하면서 그동안의 신념이 얼마나 비합리적이었는지 알아차리는 거죠. 이를테면 '사실 내가 혼자 할 수 있는 일은 많아' '지난번에 어려운 일이 생겼을 때 도와주는 친구가 있었어' '갑자기 비가 와서 나 말고도 비를 맞는 사람이 많았어' 하는 식으로 내 신념을 반박해보는 거예요.

이렇게 자신의 비합리적 신념을 알아차리고 반박하는 기법은 심리 상담에서도 많이 쓰이는 방법이에요. 이 기법으로 알게 모르게 내게 영향을 주는 비합리적 신념을 찾아내 바꾸면 행복의 기본값을 높일 수 있어요.

내 삶의 이야기를 어떻게 쓰고 싶나요?

20여 년 전 대학생 시절 만취 운전자가 낸 교통사고로 온몸에 전신 화상을 입는 큰 사고를 당한 이지선 이화여대

사회복지학 교수는 최근 한 방송 인터뷰에서 '사고를 당했다'가 아닌 '사고를 만났지만 헤어졌다'고 표현하기 시작하면서 자기 삶을 살아갈 수 있었다고 이야기했어요. 그는 불행을 만났을 때 '자신을 다시 쓰는 작업'이 필요하다고 했어요. 삶의 큰 위기를 겪었지만 자신을 교통사고 피해자로 보는 대신 새로워진 지선으로 바라본 거죠. 또 사고로 잃은 것에 초점을 맞추는 대신 얻은 것에 초점을 맞추며 삶을 다시 살아갈 수 있었다고 해요. 지금은 희망의 목소리를 전하는 작가이자 마라톤을 완주한 러너, 모교 교수로 자신만의 인생 스토리를 멋지게 만들어나가고 있고요.

토란의 뇌는 어떤 이야기를 만들고 있나요? 내 안의 부정적 신념이 나도 모르게 비극을 만들어내고 있지는 않나요? 먼저 일에서, 대인 관계에서 과거만큼의 자신감과 수행 능력을 당장 발휘할 수 없다는 사실을 받아들여야 해요. 억지로 참고 해내려고 무리할수록 정신과 육체의 온전한 쉼에 방해가 돼 회복과 재활 기간이 늘어나게 되니까요. 이건 막연한 마인드 컨트롤을 뜻하는 게 아니에요. 실제로 일의 양, 일하는 시간을 줄여 나를 돌보는 데 시간과 에너지를 써야 하죠. '지금도 과거보다 못한데 여기서 더 기준을 낮추라고?' 싶을 수도 있고 실제로 이를 악물고 커리어 회복에 집중하는 사람도 있어요. 정답이 단 하나는 아니니 자신을 위한 선택을 하면 됩니다. 나를 돌보는 것을 가장 앞에 두길 부탁하고 싶지만요.

토란은 이미 알고 있어요. 시간이 지나면 나아지리라는 걸요. 그 시간을 어떻게 보낼지가 남았죠. 지금의 나를 받아들이고 나를 위한 선택을 하고 내 이야기를 써내려가길 바라요. 슬픔과 외로움 속에서도 우아함과 아름다움을 발견하면서요. 김소영 작가의 《어린이라는 세계》에서 한 단락을 전해주고 싶어요. 멀리서나마 작은 응원을 보내요.

언제나 절망이 더 쉽다. 절망은 아무것도 하지 않고 얻을 수 있고, 무엇을 맡겨도 기꺼이 받아준다. 희망은 그 반대다. 갖기로 마음먹은 순간부터 요구하는 것이 많다. 바라는 게 있으면 가만히 있으면 안 된다고, 외면하면 안 된다고, 심지어 절망할 각오도 해야 한다고 우리를 혼낸다. 희망은 늘 절망보다 가차 없다. 그래서 우리를 걷게 한다.

작은 실수도
너무나 두려워요

Q 실수하지 않아야 한다는 생각이 무서워요

저는 작은 실수도 두려워해요. 일상생활에서 시험문제까지 거의 모든 부문에서요. 작은 쪽지 시험이나 수행평가를 망쳐버리면 내가 그 전에 얼마나 잘했는지 못했는지는 잊어버리고 더는 가망이 없는 것처럼 느껴져요. 앞으로 남은 시험과 평가가 많은데 그 모든 것에서 아무 실수 없이 잘해야만 한다는 생각이 들어서 무섭고 힘들어요.

잘난 사람과 나를 비교하면서 '나는 왜 이렇게 못났지' 하고 생각해요. 세상에는 당연히 나보다 잘난 사람이 많다는 걸 아는데도 말이에요. 그러면서 이런 생각을 하는 제가 싫어져요. 잘하고 싶은데 망칠 것 같아 무섭고 여기서 더 못할까 봐 두려워요. 아직 중학생인데 고등학생이 되면 얼마나 더 실수할지 걱정돼요. _미로

나를 힘들게 하는 생각, 감정과 싸우지 말고 그걸 충분히 느끼고 살펴봐요

반가워요, 미로. 미로의 고민을 읽다 최근에 다른 열여섯 살 아이와 나눈 고민과 비슷한 이야기가 많아 놀랐어요. 그 아이는 연애 때문에 힘들어하고 친한 친구들이 쉬는 시간에 자기만 빼고 복도에 나간다고 며칠을 울고 시험 전이면 성적이 안 나올 이유를 잔뜩 대다가 시험에서 실수를 하면 한참을 속상해했답니다.

그런데 실은 저도 그래요. 모임을 운영하며 사람이 많이 안 모일까 봐 전전긍긍하고 단체 카톡방에 말 한마디 실수하고서 잠 못 들고 후회해요. 오늘도 좋은 뜻으로 단체 사진을 찍는데 그 잠시가 싫다며 까칠하게 말하는 친구 때문에 어찌나 마음이 상하던지. 정말 고민을 털어놓자니 끝이 없네요.

미로가 보기에는 어떤가요? 이 이야기를 듣고 '잉, 다른 친구도, 어른도, 심리 상담사도 나랑 똑같네' 하고 생각했으면 좋겠어요. 몇 살이든 우리는 모두 정말 못 말리는 생각쟁이거든요.

미로가 말하는 실수에 대한 두려움, 미래에 대한 절망, 모든 것이 의미 없다는 기분도 전부 생각이에요. 남들과의 비교도, 이런 나 자신이 싫은 감정도 모두 생각이고요. 생각이 참 나쁘죠. 우리를 이렇게나 괴롭히니까요. 저도 생각 속에 갇혀 며칠을 속앓이하다 보면 정말 '현타'가 와요. 미로도 그런가요? 유독 미로가 다른 친구보다 더 이런 생각쟁이인 것 같나요?

사실 우리 모두가 그래요. 여기까지 읽었으면 잠깐 멈춰서 크게 심호흡해봐요. 코로 숨을 천천히 깊게 들이마셨다가 입으로 가늘게 끝까지 내쉬기를 한 번, 두 번, 세 번 해봐요.

조금 멍해졌거나 편안해졌나요? 앞에서 미로가 한 이야기를 함께 되돌아보다 긴장되고 불안한 감정이 다시 올라왔을까 봐 같이 심호흡해본 거예요. 이렇게 긴장과 불안에서 나를 구할 수 있는 가장 쉬운 방법은 바로 심호흡이랍니다.

자, 그렇다면 이제 차분히 해결책을 살펴보기로 해요.

우리를 두렵게 하는 것

우리는 수많은 것에 두려움을 느껴요. 질병에 걸리거나 사고가 날까 봐, 가난해지거나 가난에서 벗어나지 못할까 봐, 누군가와 너무 친해지거나 멀어질까 봐, 무시당하거나 거절당할까 봐, 내가 내린 결정에 책임을 못 질까 봐, 살이 찌거나 주름이 생길까 봐, 반감을 사거나 미움받을까 봐, 변화에 적응하지 못하거나 도태될까 봐 두려워하고 불안해하죠.

예전에는 TV나 신문 같은 대중매체가 두려움을 일으키는 주원인이었다면 이제는 유튜브 같은 인터넷 플랫폼이 클릭 수를 높이기 위해 두려움을 자극하는 콘텐츠로 우리를 유혹해요. 이렇게 우리를 두려움으로 이끄는 수많은 것에 둘러싸여 살아가다 보면 자연스럽게 두려움의 세계관이 자리를 잡아요. 세상은 위험한 곳이니 살아남기 위해서는 어떻게든 몸을 웅크리고 조심하며 살아야 한다고 자신의 가능성을 축소하고 진짜 가능성과 꿈을 보지 못한 채 삶을 살아가죠.

사실 두려움은 생존과도 깊이 연관이 있어요. 우리는

무의식적으로 두려움이란 감정을 놓아버리면 생존이 어려울 거라 생각하며 두려움을 꼭 붙잡고 있죠.

하지만 두려움이 있기 때문에 생존할 수 있다는 건 우리 마음이 두려움을 합리화하기 위해 만들어 낸 거짓말이에요. 두려움은 생존에 대한 공포심을 무기로 우리를 작은 상자 속에 집어넣고, 삶이 주는 아름다움과 풍성함을 느끼는 대신 자신이 만든 틀 안에서 답답하고 꽉 막히게 살아가도록 삶을 한계 지어버려요.

많은 영적 스승은 삶을 관통하는 의식의 법칙으로 '끌어당김의 법칙'을 이야기해요. '내가 생각하는 대로 이뤄질 확률이 높다'라는 게 이 법칙의 핵심인데 두려움으로 삶을 살아가는 사람 역시 이런 의식의 법칙을 경험하기 쉬워요. 즉, 두려운 마음으로 삶을 살아가다 보면 두려워하는 일이 일어나기 쉽고 그 일이 다시 두려움을 증폭하게 되죠. 그렇게 두려움을 경험한 사람은 '세상은 두려운 곳이다'라는 자기 신념을 더욱 강화하고 평생 두려움에서 벗어나지 못한 채 삶을 살아가기 쉬워요.

두려움에서 용기와 사랑으로 나아가기

내 삶을 살아가기 위해서는 두려움에서 용기와 사랑으로 나아가야 해요. 똑같은 행동을 해도 두려움이 아니라 사랑을 바탕으로 하면 내 태도는 물론이고 결과까지 달라질 수 있어요. 가령 '시험을 못 보고 실수를 하면 어떻게 하지' 하는 두려움이 아니라 '이 시험으로 내가 모르는 내용을 점검하고 실수에서 배우겠어'라는 용기를 가지고 시험을 보는 거예요. 나보다 뭔가를 잘하는 사람을 볼 때 '왜 나는 못하는 일을 저 사람은 잘하지?'라고 질투하고 비교하는 게 아니라 '우아, 저 사람은 정말 대단하네. 저 사람에게 배울 것이 많겠다'라고 응원하고 본받으려는 마음을 가질 수도 있어요. 하지만 학교를 비롯한 여러 사회 시스템은 시도 때도 없이 우리에게 공포를 주입해요. 따라서 두려움에서 벗어나 용기와 사랑으로 삶을 살기 위해서는 의식적으로 노력할 수밖에 없어요. 그럼 구체적으로 어떻게 해야 두려움을 용기와 사랑으로 바꿀 수 있을까요?

먼저 지금 생각, 감정을 그대로 느껴보세요. 걱정과 불안, 실수에 대한 아쉬움, 잘못된 행동에 대한 반성은 미래를 대비하고 더 나은 행동을 하고 더 좋은 결과를 얻기 위한 자연스러운 생각과 감정이에요. 누구나 이것들이 있어요. 없으면 오히려 세상에 적응하기 힘들 거예요. 그러니 미로에게 부정적 생각과 감정이 찾아올 때 '이런 거 느끼면 안 돼' '또 이러는 거 진짜 싫어'처럼 밀어내려고 애쓰면서 그것과 싸우지 마세요. 이미 생긴 생각과 감정과 싸우면 불난 집에 '분노'라는 휘발유까지 들이붓는 셈이에요. 그러면 더 난리가 나겠죠. 더 오래 힘들 테고요.

두 번째로 그 감정을 자세히 들여다보세요. '이 부정적 생각, 힘든 감정은 지금 내게 어떤 영향을 미치고 있지?' '무엇 때문에 생겼지?' '내가 뭘 잘하고/인정받고/사랑받고 싶었기에 잘 안되니 이렇게 힘들지?' 하면서 하나하나 살펴보세요. 미로의 생각과 감정이니, 다른 사람은 '쓸데없다' '잡생각이다' '지나치다' 뭐라 할지 몰라도 미로만은 충분히 바라보고 이해해주고 달래주세요. '그래, 그랬구나' 하고요. 글 쓰는 걸 좋아한다면 이런 질문의 답을 직접 써보는 걸 추천해요.

내게 두려움을 주입하는 것의 목록을 만들어도 좋아요. 무심코 지나친 유튜브 섬네일, 친구나 선생님이 평가하거나 비교하는 말, 자극적인 뉴스같이 내게 두려움을 주는 뭔가를 만날 때마다 '두려움을 주는 것'이라고 라벨을 붙여보세요. 그것들에서 조금은 떨어져 객관적으로 볼 수 있는 힘이 생길 거예요.

세 번째로 두려움 때문에 했던 일을 기쁨과 사랑으로 하는 연습을 해보세요. 공부를 할 때도 평가를 두려워하는 대신 새로운 것을 배울 수 있다는 점에 감사하며 공부하고, 수업에서 발표하기가 떨린다면 내 이야기를 듣고 도움을 받을 수 있는 누군가를 생각하며 사랑과 감사를 미리 보내보는 거예요. 실천이 어렵다면 상상부터 시작해봐도 좋아요. 상상만으로도 두려움의 에너지가 조금은 달라지는 현상을 느낄 수 있을 거예요.

마지막으로 두려움을 의식적으로 알아차리고 놓아버리는 연습을 하세요. 명상을 한다면 이 작업이 좀 더 쉬울 수 있어요. 두려운 마음이 올라올 때 글을 써보는 것도 좋은 연습이 될 수 있어요. 그렇게 두려움과 거리를 두고 알아차리고 놓아주는 연습을 하다 보면 두려움이 사실 별것 아님을, 결국 모든 건 변화하고 두려워할 만한 일은 없음을 깨달을 수 있어요.

내 감정을 충분히 느낀 뒤 찾아오는 변화

충분히 품고 느낀 생각과 감정은 지나간답니다. 한번 돌아봐요. 과거에 미로를 미치게 할 것 같았던 생각과 감정인데 지금은 '정말 별것 아니었네' 싶은 게 있지 않나요? 부정적 생각과 감정을 외면하고 싫어하면 그것이 오래 나를 괴롭히지만 잘 이해해주고 보살펴주면 생각보다 수월하게 지나가요. 그러면서 친절하게도 '아, 나는 이런 게 진짜 중요한 사람이구나' '그래서 이런 게 잘 안되거나 다른 사람에게 인정받지 못하면 이만큼이나 힘들구나' 하고 나 자신에 대한 깨달음을 선물로 남겨두죠.

살면서 나에 대한 지식을 계속 넓혀가고 새로운 경험 속에서 성공하고 실패하며 웃고 울다 보면 나를 지키고 돌보는 지혜를 터득할 수 있어요. 그렇게 시간이 갈수록 점점 더 생각과 감정을, 강점과 취향을, 목표와 욕심을 잘 이해하고 편안하게 다룰 수 있을 거예요. 지금 미로가 하는 고민이 미로를 더 좋은 사람이 되게 할 거예요.

매번 생각과 감정을 다루기에는 에너지와 시간이 부족할 수도 있어요. 그럴 때는 신나는 음악을 들으며 땀에 흠

뻑 젖도록 달리든지 따듯한 물에 몸을 푹 담가 몸을 녹이고 잠들어도 좋아요. 생각을 할 수 없게 만들어버리는 거죠.

미로, 사는 일은 중학생, 고등학생, 어른 모두에게 다 힘들지만 사이사이에 말도 못하게 웃기고 고맙고 짜릿한 순간도 있어요. 미로가 힘든 순간도 잘 살아내고 그 사이사이 행복한 순간도 잘 누리는 사람이 되길 바랄게요. 마지막으로 딱 한마디만. 제가 정말 좋아하는 말인데요. 인생은 수능과 같은 시험 한 번에 모두 결정될 정도로 단순하지 않아요. 그러니 오늘 최선을 다한 나를 수고했다고 토닥여주고 알 수 없는 미래에도 잘 살고 있을 나를 믿어주세요. 이제 정말 그만 쓸게요. 안녕!

늘 머릿속에
불안이 가득해요

Q 걱정과 불안 때문에 가만히 쉴 수가 없어요

가만히 쉬는 시간을 갖기가 너무 어려워요. 출근 준비를 할 때도, 지하철과 버스를 타며 이동하는 출퇴근길에도, 자기 직전까지도 해야 할 일이 생각납니다. 라디오를 듣거나 영상을 틀어야 생각을 멈출 수 있는 저를 고치고 싶어요.

왜 그럴까 이유를 생각해보니, 일과 학업을 병행하며 마주하는 모든 일이 결과를 분명하게 예상하기 어려운 것이라 걱정과 불안이 가득하기 때문인 듯해요. 그래서 생각한 대로 진행되지 않았을 때의 대책을 계속 준비해야 한다는 강박이 느껴지고요. 이런 생각의 고리를 끊고 편안한 일상을 보내려면 어떻게 해야 할까요? _소리

불안을 잘 활용하면 내 삶에 좋은 원동력이 될 수 있어요

일과 학업을 병행하고 있다니 하나만 해도 벅찬 일을 모두 감당하느라 얼마나 고생일지 아득합니다. 그만큼 능력도 있고 성취도 잘하니 도전했으리라 생각해요. 일상에서 잠시라도 틈만 나면 여러 가지 시나리오를 구상하며 대책을 계획하고 있다니 심리적 소진이 아주 클 듯하네요. 인간의 뇌는 제대로 긴 잠을 자고 틈틈이 쉬지 못하면 오히려 제 기능을 못하기 십상인데 고민을 거듭할수록 원하는 결과를 얻는 게 아니라 판단과 수행에서 실수가 잦아지는 악순환을 겪고 있진 않은지 염려됩니다.

불안은 불편한 감정이에요. 우리는 불안을 마주하면 놀라서 도망가거나 회피해버리죠. 하지만 미워만 하기에는 생존에 반드시 필요한 감정이기도 해요. 불안이라는 감정이 있기에 우리는 미래를 위해 저축을 하고 건강을 위해 운동을 하고 사고를 방지하기 위해 안전 운전을 하죠. 우리가 불안을 전혀 느낄 수 없다면 순간의 쾌락을 위해 위험하고 무모한 행동을 일삼을 수 있고 이런 행동은 결국 생존을 위협할 수 있어요. 불안은 우리 앞에 어떤 위험이 존재하는지 알려주고 적절하게 돌아갈 신호를 주는 안내판 같은 역할을 해요. 내가 왜 불안한지, 이 불안이 어디에서 왔는지 잘 알아차린다면 불안은 피하고 싶은 감정이 아니라 삶을 더 지혜롭게 살아갈 수 있게 도와주는 좋은 나침반이 될 수 있죠.

소리의 불안도 마찬가지예요. 성취 지향에서 비롯된 불안은 예상치 못한 위험에 대비하고 맡은 일을 더 높은 수준으로 해내는 원동력이 되거든요. 소리의 마음속에서 끊임없이 떠오르는 불안을 마법처럼 없애는 건 불가능해요. 대신 그 생각들을 적절하게 활용하는 방법을 고민해봐요. 필요할 때 켜고 끄는 스위치를 달아서요.

불안을 긍정적으로 사용하기 어려운 이유

불안을 잘 이용하기가 말처럼 쉽지는 않아요. 우리 뇌가 가장 싫어하는 것이 바로 '불확실성'인데, 세상이 점점 복잡해지고 빠르게 변화하다 보니 미래를 예측하기도 어려워지고 있거든요. 한 개인으로서 우리는 압도되고 불안한 감정을 느낄 수밖에 없죠.

여기에 더해 마케팅과 언론, 소셜미디어의 메시지는 끊임없이 우리를 타인과 비교하게 하고 가짜 불안을 만들어내요. 다른 사람은 다 하는데 나만 안 하면 뒤처질 거라는 불안, 지금 유행하는 제품을 사지 않으면 사랑받지 못하고 인정받지 못할 거라는 불안은 광고나 소셜미디어에서 흔하게 접하는 감정이에요. 기업은 타인과의 비교로 불안을 만들어내고 우리는 불안에서 벗어나기 위해 필요 이상 소비하지만 이는 결코 근본적인 해결책이 될 수 없어요.

언론의 자극적 메시지 또한 불필요한 불안의 주범이에요. 미디어는 조회 수를 높이기 위해 자극적인 기사를 내보내고 불안과 공포를 조장하는 헤드라인을 노출해요. 이런 왜곡된 메시지에 반복해서 노출되다 보면 우리는 이 세상이 실제보다 더 위험하고 공포스러운 곳이라고 왜곡해 인지하게 되고 불안에 압도당할 수 있어요.

이렇게 가짜 불안을 주입하는 사회에 살다 보면 불안의 메시지를 잘 알아차리고 이를 행동의 에너지로 이용하기보다는 불안에 끌려다니게 돼요. 불안을 직면하고 해결하는 대신 불안을 일시적으로 해소해주는 단편적이고 소비지향적인 해결책을 찾는 거죠. 쇼핑을 하거나 맛있는 걸 먹으면서 일시적 만족감과 기쁨을 느끼고 술을 마시거나 담배를 피우며 즉각 이완을 해요. 소셜미디어 화면을 '무한 스크롤'하거나 유튜브 콘텐츠를 끊임없이 확인하며 내게서 달아나고, 스트레스 상황에서 물리적으로 벗어나기 위해 여행을 떠나기도 해요. 이런 방법은 모두 잠시 우리를 안심시키고 찰나의 기쁨과 만족을 선사하지만 불안의 근본 원인을 해결해주지 못해요. 이렇게 외면하고 회피한 불안은 점점 커지고 괴팍해져 혼자서는 해결하기 힘들 정도로 우리를 압도할 수 있죠.

불안을 회피하지 않고 에너지로 사용하는 방법

불안에 압도되지 않고 불안을 에너지로 사용하기 위해서는 불안과의 관계를 바꿔줘야 해요. 그럼 구체적으로 어떻게 하면 좋을까요?

첫째, 내가 불안을 느낀다는 점을 인정하고 받아들여요. 불안을 부정하거나 회피하려는 태도는 불안을 더 키울 뿐이에요. 불안을 느끼는 건 부끄러운 일도, 부정적인 일도 아니에요. 그러니 불안이 느껴진다면 "나 지금 불안해"라고 말하며 그 감정을 있는 그대로 받아들여보세요.

둘째, 불안의 원인을 글로 써요. 불안은 애매하고 명료하지 않은 것을 마주하면 느끼는 막연한 감정이에요. 그래서 대부분 그 원인이 뭔지 분명하게 드러나지 않고, 확실하지 않으니 이유 없는 불안이 점점 커져요. 불안을 느낀다면 불안이 어디에서 오는지 글을 써보세요. 불안이 느껴지는 신체 부위를 찾아서 관찰하는 것도 좋고 불안을 불러일으킨 상황이나 사람이 있다면 그에 관해 쓰면서 불안이 어디서 왔는지 찾아볼 수 있어요.

셋째, 내가 지금 할 수 있는 아주 작은 행동을 시작해요. 불안에는 우리를 행동하게 하는 힘이 있어요. 그러니 불안을 해소하는 작은 행동을 실천해봐요. 돈에 관한 불안이 있다면 매일 조금씩 소비를 줄이는 연습을 시작하고 직업에 관한 불안이 있다면 새롭게 배우고 싶은 일을 찾아 조금씩 공부하는 거예요. 불안의 에너지를 행동으로 바꿀 수 있을 때 불안은 부정적 감정이 아니라 우리 삶을 역동적으로 움직이는 긍정적 에너지로 작동할 수 있을 거예요.

머릿속 에너지에 스위치를 달아주세요

불안을 내 에너지로 사용할 수 있다면 이제 그 에너지를 자유롭게 껐다 켜는 스위치가 필요해요.

소리는 지금 자신을 몇 퍼센트나 사용하고 있나요? 인생의 큰 과제를 두 가지나 떠안고 150~200퍼센트를 쓰고 있진 않나요? 일과 학업에 밀려 소리의 심신을 회복시키는 친밀하고 지지적인 사람들과의 교제나 충분한 휴식은 자꾸 놓치고 있지 않나요? 생각이 멈추지 않는 게 어쩌면 엔진을 너무 쉴 새 없이 돌리느라 충분히 식힐 틈도, 정비할 틈도 없어 그걸 끄는 버튼에 문제가 생겼기 때문은 아닐까요? 불안을 에너지로 바꾸는 방법을 시도할 틈이 없거나 2~3주 꾸준히 해도 효과가 없다면 소리는 어쩌면 번아웃으로 내달리는 브레이크 없는 기차를 타고 있는 걸지도 몰라요.

에너지 스위치를 만드는 방법은 의외로 간단해요. 생각하는 시간과 생각하지 않는 시간을 정하세요. 시간을 나누는 기준은 '충분히 집중할 수 있고 메모할 수 있는 환경인가'예요.

생각하는 시간에는 잘하는 것을 하면 돼요. 기록하면서요. 적지 않으면 생각이 쌓이지 않고 휘발돼 불필요한 생각을 반복하면서 에너지를 소진할 수 있으니까요.

생각하지 않는 시간으로 정해진 때에는 생각할 수 없는 환경을 만드세요. 신체를 충분히 움직이는 것도 한 방법이에요. 우리는 화장실 청소, 정리정돈 등 다소 복잡한 행동으로 구성된 활동이나 땀을 흘릴 만큼의 운동을 하는 순간에 생각을 병행할 수 없어요. 신체가 유산소운동, 근력운동으로 피곤해지면 잠들기도 수월할 거예요. 아주 많은 일정을 소화하는 유명인이 일과에 테니스 같은 고강도 운동 시간을 확보하는 이유입니다.

본격적으로 생각을 내려놓는 연습을 시작해도 좋아요. 널리 알려진 방법으로는 명상, 요가가 있어요. 수행으로서가 아니라 생각을 멈추고 몸의 감각에 집중하는 이완 기술로 이를 배워볼 수도 있으니 관심이 가면 한번 시작해보세요. 인터넷에 '생활 명상' '인요가' 등을 검색하면 됩니다.

부디 소리가 앞으로 오래 사용해야 할 자기 몸에 잘 작동하는 스위치 하나 꼭 마련하길 바라요. 불안과 생각이라는, 나를 준비하게 하고 성장하게 하는 친구들을 잘 데리고 오래오래 건강하고 행복하게 살아가길 진심으로 바랍니다.

6

감정을
표현하기가
어려워요

Q 부정적 감정을 드러내는 게 불편해요

감정을 말로 바로 표현하기가 너무 어려워요. 특히 분노, 억울함, 화남 같은 부정적 감정이요. 감정을 바로 표현하지 않아서 좋은 점도 있지만 참는 데 익숙해지다 보니 마음의 병이 생기는 것 같아요.

　그래서 감정을 표현하기 시작했는데 여전히 표현할 때마다 돌려서 말하거나 이런 감정을 표현해도 된다고 애써 합리화하거나 표현하면서도 죄책감을 느껴요. 회사에서, 가족 관계에서, 연인이나 친구 관계에서 어떻게 불편한 감정을 잘 표현하고 전달할 수 있을까요? _고요

편안한 사람에게 작은 감정부터 조금씩 표현하는 연습을 해봐요

고요는 감정적인 사람인가요 아니면 이성적인 사람인가요? 사실 질문 자체가 잘못됐을 수 있어요. 사실 인간에게는 감정과 이성이 둘 다 있으니까요. 감정만 있거나 이성만 있는 사람은 없죠.

문제는 우리가 감정을 숨기거나 제어해야 하는 대상으로 생각한다는 거예요. 감정을 자유롭게 표현하는 사람을 철이 없거나 '너무' 감정적인 사람이라고 폄하하기도 해요. 슬픔, 화, 수치 같은 부정적 감정은 느끼는 것만으로도 나쁘다고 생각하기도 하고요.

감정은 어디서 오고 어디로 갈까요? 정신과 의사 데이비드 호킨스David Hawkins는 '감정이 모든 원인'이라고 이야기해요. 생각은 감정이 쌓여 생긴 압력으로 만들어지고, 우리가 괴로운 진짜 이유는 생각이나 일이 아니라 바로 그 안에 쌓인 감정이라는 거죠. 호킨스는 감정을 놓아버릴 수만 있다면 그와 결부된 모든 생각과 괴로움에서 자유로워질 수 있다고 해요.

하지만 우리는 감정을 직면하는 데 서툴어요. 어떤 감정이 올라오면 감정을 충분히 경험하고 놓아주는 대신 억제하거나 표출하거나 회피해버리죠. 특히 부정적 감정을 마주하길 더욱 겁내요. 그렇게 해결되지 않은 감정은 무의식과 몸에 쌓여요. 호킨스는 스트레스는 물론이고 건강과 관련된 많은 문제가 감정을 제대로 처리하지 못해서 나타난다고 이야기해요.

먼저 내 감정 발견하기

부정적 감정을 참는 게 버릇이 돼 그를 표현하기가 어렵다고 했죠? 아마도 내향적이거나 타인을 배려하는 데 익숙하거나 관계에 관해 생각이 많은 사람이라면 대부분 부정적 감정 표현이 참 쉽지 않더라는 고요의 말에 공감할 거예요. 누구나 긍정적인 말만 하고 싶어 해요. 괜히 솔직하게 말했다가 미움받거나 다툴 수도 있으니까요.

그렇다 보니 실제 내 마음과 표현이 달라지고 점점 그

격차가 커져 문제가 생겨요. 어느새 부정적 감정이 내 안에 쌓여서 갑자기 애먼 장소에서, 엉뚱한 사람에게 와르르 쏟아져버리기도 해요. 그렇다고 바로 부정적 감정을 드러내자니 상대가 어떻게 생각할까, 분위기를 망치지 않을까 걱정이 앞섭니다. 그럼 어떻게 해야 할까요?

먼저 내 마음을 살피는 연습이 필요합니다. 화날 만한, 억울하고 상처받을 만한 상황에서 내 마음이 어떤지 살펴본 적 있나요? 참 기가 막힌 상황에 처해도 제3자 입장에서 "뭐 그런 일로 화내요" 혹은 "왜 상처를 받아요"라고 하는 사람이 생각보다 많아요. 무시당했거나 부당한 대우를 받았을 때, 뭐가 이상한지는 잘 모르겠지만 살짝 찝찝한 느낌일 때 그냥 넘어가지 말고 멈춰서 한 걸음 물러나 내 마음을 가만히 들여다보세요. 잘 정리가 안 된다면 나중에라도 다시 생각해보고 가까운 사람에게 물어보세요.

유선경 작가는 책《감정 어휘》에서 감정을 '짜증 나' '좋아' 정도로 뭉뚱그리지 않고 구체적으로 구별해 그에 맞는 어휘를 붙여주는 것만으로도 마음이 안정되고 후련해질 수 있다고 이야기해요. 나아가 감각을 이용해 감정을 구분하고 그에 이름을 붙일 것을 제안하는데요, 오감으로 다양한 정보를 인지하는 것처럼 감각을 이용하면 감정을 훨씬 더 잘 구별하고 느낄 수 있다고 해요. 내가 경험하는 감정을 인정하고 하나하나 이름 붙여주다 보면 삶을 훨씬 더 가볍고 즐겁게 살아갈 수 있어요.

슬펐던 기억을 떠올리고 슬픈 감정을 느껴보세요. 그리고 그 감정이 느껴지는 몸의 부위를 찾아보세요. 그 부위가 어디인가요? 슬픔은 통각으로 경험할 수 있는 대표적인 감정이에요. 감정을 몸으로 느끼기는 쉽지 않아서 처음부터 잘되진 않을 수 있어요. 중요한 건 우리가 충분히 느끼지 않고 억압하거나 회피해버린 감정이 우리 몸과 마음 곳곳에 숨어 삶에 많은 문제를 일으킨다는 점을 인정하는 거예요. 이 사실을 인정할 때 우리는 비로소 내 감정을 직면할 용기를 낼 수 있죠.

충만한 삶은 긍정적 감정만 골라서 경험하는 삶이 아니에요. 힘들고 괴로운 감정과 기쁘고 즐거운 감정 모두 충분히 경험할 때 삶을 온전히 살았다고 이야기할 수 있죠. 그러니 지금 부정적 감정이 든다면 피하지 말고 느끼고 경험해보세요. 그 감정은 고요의 삶을 충만하게 만들어주는 선물이에요.

이제 내 감정을 표현해보세요

내 마음의 크고 작은 서운함, 화남을 발견했나요? 그럼 지금부터 연습 시간이에요.

먼저 부정적 감정을 느끼는 내 편이 돼주세요. '그럴 만해' '서운했겠다' 등 나부터 내 감정을 있는 그대로 존중해주세요. 그리고 혼자 털어버릴 수 있는 가벼운 일이라 생각한다면 쿨한 자신을 칭찬해주며 넘어가세요. 하지만 그렇지 않다면, 즉 혼자 털어버릴 수 없지만 부정적 감정을 느끼게 한 상대를 영영 보지 않을 것이 아니라면 그런 감정을 느끼게 한 상대에게 알려줘야 합니다. '나 전달법'으로요.

"너 때문에 내가 이렇잖아!"라고 공격하면 상대는 방어적 자세로 나오기 쉬워요. 그래서 나 전달법은 비난하지 않고 상대의 악의 없는 구체적인 말과 행동에 내 마음이 어땠는지 설명해요. 이를테면 자기 마음대로만 하려고 하는 상대의 행동에 상처받았다면 "왜 네 멋대로만 해? 나무시하는 거야?"라고 하는 대신 "네가 내 의견을 묻지 않고 이렇게 하자고 했을 때 내가 없는 사람이 된 것 같아서 갑자기 서운하고 쪼그라드는 기분이었어"라고 하는 겁니다. 이렇게 내 감정을 알려주기만 하면 끝이에요. 쉽죠? 혹시 필요하다면 여기에 더해 "앞으로는 이렇게 해주면 좋겠다"라는 부탁을 덧붙이면 됩니다.

처음엔 나 전달법을 실천하기가 쉽지 않아요. 그래서 편안한 사람에게, 작은 일부터 시작해야 해요. "아, 그랬어? 미안해. 다음엔 꼭…"이라고 말하는 상대는 오래 볼 사람, "겨우 그거 가지고 그러냐?"라고 내 작은 표현마저 함부로 대하는 상대는 멀리할 사람입니다. 내가 괜찮지 않다면, 나를 존중하지 않는 사람과 함께하지 마세요. 어쩔 수 없이 계속 봐야 할 동료, 가족이라도 반복적으로 내 감정과 부탁을 존중하지 않는다면 거리를 두는 게 좋아요.

혼자 풀어나가기 막막하고 어렵게만 느껴진다면 심리상담을 받거나 감정 카드 같은 도구를 사용해보는 것도 좋은 방법입니다. 내 마음을 살피고 존중하고 표현하는 방법을 배우는 일은 내가 나 자신에게 남은 삶을 자유롭고 편안하게 살도록 돕는 좋은 동반자가 돼주는 거예요. 고요에게 우주의 응원을 모아 보냅니다. 파이팅!

시작이 두려워
회피하게 돼요

Q 부담감 때문에 해야 할 일을 미뤄요

저는 시작이 두렵습니다. 회사에서 새로운 업무가 주어지면 해야 한다는 압박을 느끼면서 더 쉬운 일을 하거나 딴짓을 합니다. 관심 있는 작가의 책을 사서 읽어야지 생각만 하고 몇 시간씩 핸드폰만 보면서 시작을 미룹니다.

이런 문제가 삶 전반에 녹아들어 힘듭니다. 제 성향을 잘 아니까 평소보다 성적이 낮게 나왔음에도 재수하지 않았습니다. 하지만 미련 때문에 힘들었어요. 취업도 제때 하긴 했지만 성실히 준비하지 못해 적당히 합격한 곳에 다니고 있습니다. 미래를 위한 투자에는 소홀하고 하루하루 살아가는 데만 급급한 느낌입니다. 제 삶에는 언젠가 하려고 미뤄둔 목록만 잔뜩 쌓여가고 있습니다. 어떻게 하면 계속 시작을 미루는 이 지독한 회피 성향을 멈출 수 있을까요? _비비

지금 할 수 있는 일부터 시작하세요

반가워요, 비비. '과업 앞에서 회피하는 성향'이라는 고민
의 핵심을 잘 짚고 있네요. 사례를 쌓고 생각을 정리해 한
문장으로 표현하다니 참 생각이 깊고 섬세하다고 느껴집
니다. 아마 신중한 편이고 책임감도 크겠죠. 뭔가를 잘하
고 싶다는 부담과 두려움에 장기적인 안목이 필요한 크고
중요한 일을 만나면 미루거나 회피하는 행동을 할 때가 있
는 것 같아요.

　　비비처럼 회피하는 성향은 왜 생기는지, 어떻게 회피를
멈추고 행동을 할 수 있을지 이야기하기 전에 먼저 비비
가 자신의 부정적인 면뿐만 아니라 긍정적인 면까지 양면
을 모두 봐주길 부탁합니다. 이 조언이 말장난같이 느껴지
더라도요. 그리고 '늘' '매번'이 아니라 그럴 때가 있고 아닐
때도 있음을 기억해주길 바랍니다. 부정적으로 편향된 생
각과 언어는 내 강점과 내가 이룬 성취, 하면 잘할 수 있는
일을 의심하게 하고 자신감을 낮추며 부정적 행동을 강화
하거든요. 자기계발서, 심리 상담 등에서 '내 강점 100개

쓰기'를 지겹도록 시키는 이유가 여기 있습니다. 그러니 적어도 지금 쓴 고민 글만큼 비비가 잘해낸 것에 관한 자랑 글을 써보세요.

어쩌면 비비가 수월한 길을 선택하는 성향을 지닌 사람이라고도 할 수 있을 것 같아요. '성향'은 사람이 지닌 마음의 본바탕인 성질에 따른 경향입니다. 비슷한 말로 '기질'이라고도 하고요. 타고났거나 오래 굳어져 잘 변하지 않는 성질이죠. 알고 있겠지만 성향대로 사는 게 제일 편합니다. 매번 성향을 거스르려 하지 마세요. 스트레스가 큽니다. 비비는 대학도 한 번에 가고 취업도 바로 했어요. 닥치면 또 다 하고 시작하면 꽤 잘해내니 자신의 그런 유연함과 적응력을 믿고 적절하게 발휘하며 사세요. 지금도 꽤 괜찮은 삶을 살고 있음을 인정하고 존중해주세요.

회피하고 미루는 마음은 어디서 올까요?

자, 그럼 이제 회피하고 미루고 안주하고 싶은 그 마음을 한번 알아볼까요? 회피하기, 미루기는 사실 많은 사람이 경험해요. 시험 기간에 보는 TV와 급한 마감을 앞두고 읽는 책이 가장 재밌듯이 우리는 중요한 일을 앞두고 오히려 게으름을 피우거나 끝까지 일을 미루죠. 사실 이런 마음은 대부분 더 잘하고 싶고 완벽하게 하고 싶다는 마음에서 나오는 경우가 많아요. 그러니 심리적 압박을 느끼고, 그래서 시작은 점점 더 어려워지죠. 이렇게 완벽주의 때문에 미루다 보면 '지금 당장 뭔가를 시작하기에는 준비되지 않은 게 너무 많다'는 생각이 들기도 해요. 그래서 언젠가 찾아올 완벽하게 준비된 순간을 위해 하고 싶은 일을 뒤로 미루며 미래의 내가 이 모든 걸 완벽하게 해내길 기원하기도 합니다.

완벽한 시간은 결코 찾아오지 않아요

지겹도록 자주 들어 감흥 없는 말 중에 "시간은 억만금을 주고도 살 수 없다"라는 말이 있어요. 시간은 누구에게나 공평하게 주어집니다. 태어났다는 이유만으로도 돈 한 푼 내지 않고 하루 24시간을 부여받죠. 더 얻기 위해 노력이

나 경쟁을 할 필요도 없습니다.

그래서일까요? 우리는 종종 내게 주어진 시간이 영원한 것처럼 행동합니다. 춤을 배우고 싶지만 절대 배우지 않습니다. 왜냐고요? 지금은 일 때문에 바쁘거든요. 나중에 시간이 많아지면 제대로 배우려고 아껴놓습니다. 한때 글쓰기를 좋아하는 문학도였지만 이제 더는 글을 쓰지 않습니다. 보고서를 쓰는 것만으로도 시간이 부족하거든요. 언젠가 은퇴를 하면 에세이를 쓸 겁니다. 언젠가, 정말 언젠가는 쓸 예정입니다. 여행을 가고 싶지만 나중으로 미룹니다. 나중에 은퇴하면 제대로 세계여행을 해볼 계획이거든요. 이렇게 우리는 완벽한 타이밍을 기다리며 '언젠가 하려고 미뤄둔 목록'을 계속 만들어갑니다. 내가 진짜 하고 싶은 일을 뒤로 미루고 당장 해야 하는 일을 하나씩 해치우면서 살아가죠.

그런데 사실 우리가 사용할 수 있는 시간은 바로 지금밖에 없어요. '내가 하고 싶은 일을 할 수 있는 완벽한 시간이 미래에 존재할 거야'에서 '내게 주어진 시간은 유한하고 내가 하고 싶은 일을 할 수 있는 시간은 어쩌면 지금밖에 없을 수도 있어!'로 시간을 바라보는 관점을 바꾸면 삶의 우선순위가 바뀌고 완벽하지 않더라도 지금 당장 무엇을 시작할 수 있는 용기와 결단력이 생겨납니다.

아주 작은 것부터 하나씩 시작해보세요

자, 한번 생각해봐요. 언젠가 하려고 미뤄둔 목록 중 지금 가장 이루고 싶은 목표가 뭔가요? 어쩌면 목록을 보면서 또 다시 미루고 회피하고 싶다는 생각이 들 수 있어요. 하지만 여기서 비밀은 내가 하고 싶은 일을 하기 위해 꼭 엄청나게 많은 시간과 자원이 필요하진 않다는 거예요. 하루 10분씩 유튜브를 보며 몇 동작씩 춤 연습을 하다 보면 어느덧 노래 한 곡에 맞춰 즐겁게 춤을 출 수 있습니다. 하루 20분씩 글을 쓰면 내 이름으로 된 에세이 한 권이 나올 수 있습니다. 매일 나를 위해 보내는 작은 시간의 힘은 생각보다 훨씬 큽니다. 매일 10~30분을 투자해 하고 싶은 일을 떠올려보세요. 미래의 나를 기다리지 않고 현재의 나를 만나는 기쁨은 생각보다 훨씬 더 큽니다.

이때 목표를 한 번에 하나씩만 정하세요. 두 개도 안 됩니다. 여러 가지를 할 수 있을 만큼 시간 여유가 있어도 하나씩 해치워야 합니다. 그렇게 딱 하나 정한 목표를 이루기 위한 세부적이고 구체적인 체크리스트를 만드세요. 시간 계획도 같이 넣어서요.

다음으로 해야 할 일은 비비도 알 것 같네요. 맞아요. 가장 가까운 일부터, 쉽고 지금 당장 할 수 있는 일부터 시작하세요. 혼자가 힘들다면 밑미의 '리추얼'처럼 여럿이 함께 동기부여할 수 있는 환경에 나를 두는 것도 좋고요. 행동과학 연구를 근거로 한 《습관의 디테일》 같은 자기계발서를 보면서 하나하나 따라 해봐도 좋습니다.

생각도 많고 걱정도 많은 비비지만 막상 시작하면 잘해낼 거고 더 잘할 수 있을 거예요. 무엇보다 현재도 비비는 제대로 자신을 책임지며 충분히 잘 살고 있다는 걸 알아주세요. 더 성장하기 위한 비비의 고민을 환영하며 아주 작은 행동과 성공의 시작에 응원을 보냅니다. 아자, 아자!

우리는 타인과의 관계에 많은 시간과 에너지를 쏟고 걱정하고 불안해 해요. 인간관계를 지나치게 중요하게 여긴 나머지 타인의 부정적인 반응을 감지하면 바로 내가 뭔가 잘못하고 있다고 생각하며 자신을 탓해요. 그런데 정말 그럴까요? 세상에는 당신의 존재만으로 당신을 사랑하는 사람도 있지만 당신의 말과 행동과 무관하게 당신을 싫어하는 사람도 있어요. 내 삶의 중심은 나 자신에 둬야 해요. 타인의 시선과 평가는 타인의 몫으로 남겨두고요. 그러면 인간관계도 좀 편안하고 즐거울 수 있답니다. 이상하지만 아름다운 비밀이에요.

PART
2

혼자 있고 싶지만
혼자이기 싫어
고민하는 당신에게

눈치는 그만 보고
솔직해지고 싶어요

상대의 반응이 걱정돼 입을 다물어요

내가 좋아하는 것과 싫어하는 것, 즐거운 일이나 힘든 일 같은 소소한 이야기를 주변 사람과 함께 나누고 싶은데 자꾸 망설여져요. 다른 사람들은 자기 이야기를 잘 풀어놓는 것 같은데 저는 다른 사람 눈치나 기분을 많이 살피는 편이라 그런지 '상대방이 듣기 싫어하면 어쩌나' '재밌지 않은 이야기면 어쩌나' 걱정하며 입을 열지 않게 돼요. 막상 이야기를 시작하면 횡설수설하거나 약간 과장도 하고요. 지나고 나면 '그게 뭐라고 그렇게 말했지' 하며 솔직하지 못했던 스스로가 부끄러워져요.

어떻게 하면 저에게 확신이 있고 타인에 의해 흔들리지 않는 단단한 사람이 될 수 있을까요? 조금 부족하더라도 솔직한 사람이 되고 싶습니다. 거짓투성이인 저를 사랑하기가 힘들어요. _샤이

눈치는 신중함과 사려 깊음의 증거기도 해요

이야기를 할 때 다른 사람 눈치나 기분을 많이 살피고 이미 뱉은 말도 괜히 말했나 후회한다고요? 샤이의 고민을 듣고 공감한 사람이 많을 것 같아요. 생각해보면 저도 사람들과 이야기할 때 괜히 말실수하지는 않을까, 후회하지는 않을까, 분위기에 안 맞는 말을 하는 건 아닐까 눈치를 볼 때가 많거든요.

도대체 눈치란 뭘까요? 찾아보다가 재밌는 사실을 알았는데요, 눈치를 영어로 번역할 때 일대일로 대응되는 단어가 없다는 거예요. 한국계 미국인이자 《눈치》의 저자 유니 홍은 눈치란 '방 안의 공기를 읽을 수 있는 능력'이라고 이야기해요. 상황의 맥락을 이해하고 다른 사람의 마음이 어떤지 그 상황에 맞게 추측하거나 알아차리는 거죠.

그만큼 눈치가 빠르다는 건 능동적으로 상황을 잘 파악하는 능력이 있음을 뜻해요. 인간은 사회적 동물이기 때문에 빠르게 분위기를 파악하는 능력은 관계를 맺고 사회생활을 하는 데 도움을 줄 수 있죠.

특히 한국 사회는 개개인의 고유성과 개성보다는 집단에서의 관계성을 유난히 중시하기에 다른 사람, 특히 나보다 나이가 많거나 위치가 높은 사람의 기분을 잘 읽는 일이 중요할 때가 많아요. 이렇게 집단 내 관계가 중요한 사회에서는 실제로 옳고 그른지와 상관없이 다수의 눈치에 맞춰 행동하는 걸 올바른 행동으로 여기기도 하고 반대로 소수 의견을 제시하는 사람은 그 의견이 옳을지라도 눈치 없다는 구박을 받기도 하죠.

'나 때문일까?'의 함정에서 벗어나세요

눈치를 본다는 건 판단 주체를 내가 아닌 타인에게 넘기는 걸 뜻해요. 과도하게 눈치를 보다 보면 내 생각보다는 다수 의견에, 내 감정보다는 타인의 기분에 맞춰 행동하는 데 더 익숙해지죠. 이런 생각과 행동 패턴이 반복되면 내가 아니라 타인이 원하는 것 위주로 생각하게 되고 남의 시선을 신경 쓰느라 정작 내가 원하는 게 뭔지, 나는 어떤 사람인지는 잊어버려요.

특히 눈치가 빠른 사람은 자책의 함정에 빠지기 쉬워요. 샤이도 그럴 가능성이 크답니다. 눈치가 빨라 분위기와 맥락을 잘 읽고 다른 사람 입장에서 생각하는 것까지는 좋은데 행여나 상황이 부정적으로 흘러가면 '나 때문은 아닐까?' 하고 자책하는 거죠.

사실 자책하는 사람의 심리를 더 깊이 분석하면 그 안에 과도한 자기중심성이 있는 경우가 많아요. 세상은 생각보다 훨씬 복잡해요. 우리 주변에서 일어나는 일 또한 여러 원인이 복합돼 발생해요. 하지만 자책하는 성향이 있는 사람은 복잡하고 다양한 원인을 고민하는 대신 자기 자신에게 모든 책임을 돌림으로써 상황을 지나치게 단순화하고 정작 신경 써야 하는 문제에는 눈을 감아버리죠. 그렇게 해서 문제의 근본적인 해결을 불가능하게 만들어버려요.

눈치를 과도하게 보고 자책하는 버릇이 있다면 어떤 일을 좀 더 넓게, 다양한 시각으로 보는 연습을 하는 게 중요해요. 또 눈치가 나를 조종하지 않도록 삶의 주체성을 남에게 넘기지 않아야 하고요.

눈치 없이 살아도 괜찮아요

《눈치》는 눈치의 여러 장점에 관해 이야기했지만 지금 샤이에게 진짜 필요한 건 어쩌면 눈치를 잠시 내려놓는 일일지도 모르겠어요. 과도하게 눈치 보느라 정작 들여다보지 못했던 내면의 목소리를 듣고 내가 진짜 원하는 게 뭔지 생각해보는 시간을 보내는 거예요. 관계의 맥락을 파악하고 집단의 분위기를 잘 읽는 것도 중요하지만 다른 사람을 너무 신경 쓰느라 정작 나를 잃어버리지는 않아야 하니까요.

사실 스스로에게 확신에 가득 차 타인에 의해 '전혀' 흔들리지 않는 사람은 없어요. 아마 있다고 해도 가까이하기 싫은 독단적인 사람일 것 같기도 하고요. 그러니 어떤 이상적인 인간상이 있고 내가 그 반대편에 있다는 생각은 하지 말아주세요. 말로 표현하기 전에 내 생각을 살피고 타인의 반응에 주의를 기울이는 것은 신중하고 사려 깊은 사람이 가진 귀한 덕목이에요. 더 솔직하고 편하게 말하고 싶은 샤이의 마음은 알겠지만 자신의 부정적인 면뿐만 아니라 긍정적인 면도 함께 봐주세요. 내 긍정성 혹은 강점을 인정하면 내게 익숙하지 않은 일을 시도할 든든한 받침

돌이 됩니다.

신중하고 사려 깊은 샤이(앞으로 제가 이렇게 부르면 "네, 저는 정말 신중하고 사려 깊은 사람이에요"라고 대답해주세요. 연습해볼까요?), 신중하고 사려 깊은 샤이("네, 저는 정말 신중하고 사려 깊은 사람이에요"), 솔직하고 편안하게 말하는 연습을 할 수 있는 두 가지 방법을 제안합니다. 지속적으로 만나는 친밀한 관계에서 이 연습을 해보길 권해요. 한번 들어보세요.

눈치 보는 나를 벗어나는 방법

첫째는 확인하기, 정정하기예요. 말하고 나니 내가 너무 횡설수설한 것 아닌가 싶을 때는 상대에게 물어보세요. "내 말이 어떻게 들려? 내 의도가 잘 전달됐는지 궁금해"라고요. 그리고 약간 거짓말을 보태거나 부풀리거나 축소해서 말했다면 조금 시간이 지났더라도 말이나 메시지 등으로 다시 정정해주세요. "이런 이유로 내가 사실과 좀 다르게 말한 것 같아서" 같은 말을 덧붙여서요. '긴장되는 상황이어서' '잘 보이고 싶어서' 등의 이유일 때가 많을 것 같네요. 그만큼 상대와의 관계를 중요하게 여기는 데다 솔직하게 정정까지 하는 신중하고 사려 깊은 샤이(그냥 넘어가려고 한 건 아니죠? 뭐라고 해야 하나요?)에게 상대는 더욱 믿음이 생길 거예요.

둘째는 양해를 구하고 연습하기예요. 친밀하고 나를 잘 이해하는 친구와의 대화에서도 좋고요, 온·오프라인의 소규모 독서 모임이나 마음 나눔 모임에서도 좋아요. 시작부터, 자기소개부터 신중하게 내 고민을 말하고 솔직하게 '나는 말하기 연습을 하고 있으니 혹시 내가 말실수를 하거나 내 말이 무례하게 들리면 꼭 피드백을 해주면 정말 고맙겠다'라고 하는 거예요. 두세 사람과 대화 중이었다면 내 말이 어땠는지 피드백을 부탁해도 좋고요. 아마 대부분 전혀 이상하지 않았다는 대답을 듣겠지만 그리고 그 말이 안 믿기겠지만 정말 별로 이상하지도 어색하지도 않았을 거예요. 신중하고 사려 깊은 샤이가 자기 검열을 좀 느슨하게 한대도 무의식적으로 '필터링'을 거칠 거라서요. 언제나 이성을 못 놓는 사람에게 마음 놓고 놀고 쉬는 연습을 아무리 시킨다 해도 원래 잘 노는 사람에게는 턱없이 못

미치거든요. 본인은 큰일이 난 것처럼 걱정하지만 말이죠.

이 두 연습을 상황이 될 때마다 반복해보세요. 그럼 점점 편안하고 솔직하게 말하는 데 익숙해질 거고 그럴 수 있는 대상도 조금씩 늘어날 거예요.

다른 사람의 기분을 파악하려 노력하고 조심히 말하려 하고 거짓을 멀리하려고 애쓰는 샤이의 모습이 한편으로는 안쓰럽지만 한편으로는 귀하고 아름다워요. 이제는 다른 사람을 생각하는 만큼 자신을 조금만 더 사랑해주세요. 어떤 말과 행동과 능력과 성취 때문이 아니라 한 몸으로 같이 살아내고 있다는 이유만으로요. 저도 자주 저를 사랑하려고 마음먹고 말하고 써요. 잘 안돼서요. 하지만 우리는 사랑의 힘으로만 성장할 수 있어요. 언제나 사랑이 먼저예요. 사랑 안에서 조금씩 더 솔직해지기, 우리 같이 해봐요.

처음 만나는 사람이
어색하고 두려워요

Q 사회성 없는 사람으로 보이지는 않을까요?

어렸을 때부터 사회성이 없다는 말을 많이 들었어요. 친해지고 나면 괜찮은데 처음 만난 사람은 너무 어렵고 어색해요. 그래서 대부분 오랜 시간 만나도 어색한 사이로 남아 있어요. 다른 사람들도 저를 어색해하는 게 느껴집니다.

일을 시작한 후에는 인사에 대한 두려움이 생겼어요. 사람들이 나를 사회성 없는 사람으로 판단하지는 않을까 걱정이 되기도 하고요. 저는 왜 이렇게 사람들을 어려워할까요? _호야

외향인에게 기울어진 사회에서 고군분투하는 나를 인정하세요

무엇보다 먼저 호야에게 "사회성이 없다"라고 말하는 사람들에게 따져 묻고 싶습니다. 그게 뭐 어때서요? 관계를 맺고 사회를 이루는 인간의 특성을 '사회성'이라고 하죠. 호야는 지금까지 사람들과 함께 어울리며 문제없이 잘 살아왔고요. 단지 그 속도가 외향적인 사람에 비해 느리고 그들보다 적은 사람과 관계를 맺어온 것뿐이죠. 이건 사회성이 아니란 말일까요?

어릴 때부터 어른이 된 지금까지 꾸준하게 낯을 가리고 사람들과 빨리 친해지는 데 어려움을 느껴왔다면 다른 누구보다 호야 본인이 가장 힘들었을 것 같아요. 자주 난처하고 긴장했을 테니까요. 현대사회는 극도로 관계가 세분화돼 있어서 유난스러울 정도로 새로운 사람을 만날 일이 많잖아요. 관계의 속도가 빨라지는 게 힘든 사람에게 '소극적'이라느니 '사회성이 없다'라느니 하는 딱지를 붙이기도 하고요. 이렇게 외향인에게 기울어진 사회에서 존재감을 드러내고 취업했다니 먼저 축하를 전하고 싶어요. 대단하고 멋집니다.

호야가 왜 사람을 어려워하는지 물었죠. 다양한 이유가 있을 수 있습니다. 타고난 기질이 내향적일 수도 있고요, 성장하면서 폭력, 따돌림, 배신 등 대인 관계에서 상처를 받아 위축됐을 수도 있어요. 친밀한 사람과의 소규모 인간관계에서 자라 폭넓고 빠른 대인 관계 경험이 적을 수도 있고요.

만약 가족, 친구 관계 등에서 지금까지도 내게 영향을 미치는 트라우마 경험이 있고 그게 사람을 어려워하는 이유라면 깊이 있는 심리 상담이 필요할 것 같아요. 꼭 도움을 청할 용기를 내길 부탁드립니다.

하지만 그게 아니라 내향적 기질, 적은 대인 관계 경험, 관계에서 받은 크고 작은 상처의 합으로 지금의 호야가 뚜렷한 내향인이 됐다면 그건 고쳐야 할 질병도, 잘못된 성격도, 바로잡아야 할 생활 방식도 아닙니다. 호야에게 지금 가장 필요한 솔루션은 내향인인 나를 그대로 인정하는 일이에요.

좋은 점만 보여주려 애쓰고 있진 않나요?

유명한 테드 강연인 〈취약성의 힘The Power of Vulnerability〉의 강연자 브레네 브라운Brene Brown은 '자신이 가치 있다고 느끼는 사람과 그렇지 않다고 느끼는 사람의 가장 큰 차이는 자신의 불완전함을 대하는 방식에 있다'라고 이야기해요. 자신이 가치 있다고 믿는 사람은 자신의 불완전함을 이야기하길 피하지 않아요. 반면 자신이 가치 있다고 믿지 못하는 사람은 자신의 약한 모습을 이야기하길 피하고 좋은 모습만 보여주려고 하죠. 왜냐고요? 나약함을 드러내면 가치 없는 인간이 돼버린다고 생각하기 때문이에요.

두려움의 근본 원인은 '단절'이에요. '내 이런 모습을 보면 사람들이 나와 어울리고 싶어 하지 않을 거야' '내 진짜 모습을 들키면 아무도 나를 사랑하지 않을 거야' 하고 생각하며 타인에게 오직 좋은 점만 보여주기 위해 고군분투하는 거죠. 호야가 다른 사람이 나를 사회성 없는 사람으로 판단할까 봐 두려운 마음에 자신의 좋은 모습만 보여주려 노력하는 것도 어쩌면 내 취약한 모습을 보여주고 싶지 않기 때문일지 몰라요.

취약함을 드러내기란 어려운 일이지만 중요한 건 모든 사람에게 숨기고 싶은 자신만의 취약성이 있다는 사실이에요. 아무리 밝고 강하고 긍정적으로 보이는 사람도 남들 앞에 꺼내놓기 두려운 나만의 취약함이 있어요. 자신이 가치 있다고 믿고 기꺼이 취약함을 드러내는 사람 또한 자신의 불완전함을 이야기할 때 불편한 감정을 겪어요. 수치스럽고 불편하고 두렵기도 하죠.

하지만 모든 사람이 두려움 때문에 취약성을 드러내길 피하진 않아요. 거절당할 수 있다는 걸 알면서도 좋아하는 사람에게 용기를 내 고백하죠. 실수하고 실패할 수 있다는 걸 알지만 새로운 일에 도전해요. 자존심이 상하지만 먼저 화해를 청하고 자기 잘못을 이야기해요. 이들은 감정을 표현하고 불확실하고 위험할 수도 있는 상황에 기꺼이 뛰어들어요. 왜냐고요? 그 불완전한 모습까지 솔직하게 드러내는 것만이 진실하게 온 마음을 다해 살 수 있는 유일한 방법이거든요.

취약성을 기꺼이 인정할 때 우리는 비로소 과거의 상처를 딛고 성장할 수 있어요. 새로운 일에 도전하고 관계에도 새로운 변화를 만들어내죠. 취약성은 두려움과 수치심의 근원이기도 하지만 기쁨, 창조성, 소속감, 사랑의 근원이기도 하니까요. 반면 두려움 때문에 취약성을 드러내길 피하면 수많은 다른 경험과 감정의 가능성도 동시에 막혀버려요. 내 반쪽만 드러낸 채 진정한 관계를 맺는 건 불가능하니까요.

완벽하게 세팅된 삶을 사는 일은 불가능해요. 누구나 살면서 실패를 경험하고 원하든 아니든 자신의 불완전한 모습을 발견할 거예요. 중요한 점은 그 불완전함을 기꺼이 받아들이고 성장하는 거예요. 그리고 그럼에도 나는 가치 있음을, 약한 모습을 드러내도 충분히 괜찮고 사랑받을 만한 사람임을 믿어야 해요.

호야의 내향성도, 임의로 판단받을까 봐 두렵고 어려워하는 마음도 너무 당연해요. 대신 그런 성향과 마음을 외면하지 말고 취약성을 그대로 받아들이는 연습을 해봐요. 과거의 상처를 꽁꽁 싸매 어디엔가 묻어놓은 채 내가 이미 잘하고 편안한 일만 골라서 하며 쿨한 척할 때 우리가 경험할 수 있는 기쁨과 사랑, 창조성의 문은 꼭꼭 닫혀버리니까요.

내향인으로 살아가는 방법

저도 가끔 만나거나 연락하는 초·중·고등학교와 대학교 친구가 다섯 손가락으로 꼽을 정도로 내향인이에요. 사회인이 된 지금도 사람들 앞에 서면 여전히 어색하고 어눌하고 긴장돼요. 일하면서 처음 보는 사람과 함께하거나 수십명 앞에서 강의해야 할 일이 생길 때는 스트레스를 정말많이 받아요.

다만 예전보다는 좀 덜해요. 아주 가끔은 외향인으로 오해도 받고요. 그래서 같은 내향인으로서 호야에게 내향인으로 살아남는 몇 가지 방법을 제안하고 싶어요.

인사가 고민이라고 했으니 그것부터 이야기해볼까요? 신입사원이 아니라도 사회생활에서 인사는 필수인 것 같아요. 시원한 인사와 밝은 미소는 분위기를 띄우고 관계를 부드럽게 하죠. 하지만 내향인에게 실시간 인사는 종종 불가능합니다. 잠깐 생각 속에 갇히거나 뻣뻣하게 굳은 사이에 휙 지나가버리는 게 인사 타이밍이잖아요.

큰일은 아닙니다. 자책하기보다 내향인의 방식으로 늦은 인사를 하면 돼요. 다시 슬며시 쫓아가서 "안녕하세요"

라고 말해도 좋고요, 자리에 앉아 메신저로 아까 어디서 봤는데 인사하는 걸 놓쳤다며 반가웠다고 전해도 좋습니다.

이런 식으로 인사든 대화든 거절이든 나만의 속도로 관계를 맺으면 됩니다. "너 아까는 이야기 안 했잖아?"라는 질문을 받으면 "생각해보니 내 생각은 이게 맞는 것 같아. 나는 이게 좋아"라고 답하세요. 말을 정정하길 두려워하지 마세요. 중요한 일이면 바로 답하기보다 아예 생각할 시간을 요청하는 게 더욱 좋고요. 그 사람이 나를 존중해주는 사람, 계속 볼 사람이라면 점점 내 속도에 익숙해지고 맞춰주게 될 거예요.

더 나아가 내향성을 강점으로 받아들이고 드러내면 좋겠습니다. 호야는 집중해서 귀 기울여 잘 듣는 사람이고 깊이 있고 진정한 관계를 맺는 사람이며 신중하게 생각해 현명한 선택을 하는 사람이에요. 나부터 나 자신을 그렇게 봐주고 믿어줘야 해요. 내가 부족한 부분을 힘들게 연습하기보다 내가 이미 잘하고 있는 것에 집중해 그 일을 더욱 자신감 있게 잘해내는 게 훨씬 효율이 좋을 거예요. 나를 있는 그대로 좋아해주고 내 가치를 인정해주는 사람을 만나는 시간을 늘리는 것도 도움이 돼요.

성격에 관한 고민을 해결하려면 아주 길게 봐야 해요. 10년, 20년 차근차근 강점을 중심으로 단단하게 성장하다 보면 약한 외향성이 때에 따라 무난하게 사용할 수 있는 능력이나 인간적인 매력이 되기도 할 거예요.

성공에 관한 많은 책이 성공은 빠르고 즉각적인 것이 아니라 '끝까지 해내는 것'이라고 해요. 바로 그 지점에서 내향인의 강점이 빛나고요. 말보다 결과로 보여주자고요. 가장 취약하다고 생각한 부분이 사실 가장 큰 장점이 될 수 있어요. 내향인 동료 호야에게 애정 어린 응원을 보냅니다.

10

혼자가 **편하지만**
불안해요

Q 혼자 있고 싶지만 새로운 인연을 만나고 싶기도 해요

올해 서른을 맞이한 저는 요즘 '20대를 지나치게 혼자만의 시간으로 채워서 지금 주변에 사람이 별로 없나?' '앞으로 연애나 결혼도 못하면 어떡하지?' 같은 생각을 자주 합니다.

내향인이라면 공감하겠지만 혼자만의 시간이 편하기도 하고 또 나름의 취미나 즐길 거리가 있으면 혼자서도 시간을 잘 보낼 수 있어요. 하지만 지금 와서 돌이켜보니 새로운 인연을 만날 수 있는 외부 활동이 너무 부족했던 건 아닐까 후회와 아쉬움이 들어요. '또래 이성을 만나 연애할 기회도 없는 건 아닐까' 하는 쑥스러운 고민이기도 하죠.

고민만 하고 아무것도 실천하지 못하는 상황이 반복되는 것 같아요. 혼자만의 시간이 편하지만 새로운 인연은 만나고 싶은 이런 복잡하고 아이러니한 감정은 어떻게 다스려야 할까요? _나무

Ⓐ 실수와 상처 없는 인간관계란 환상일지도 몰라요

고민 글을 반복해서 읽으며 내향인이고 공부도 좋아하고 취미도 많고 혼자 잘 노는 사람으로 나무의 미래를 살고 있는 저를 돌아봤어요. 저는 지금 아주 좋습니다. 홀로 있는 시간도 충분하고 함께 있는 시간도 마음과 체력이 허락하는 선에서 자유롭고 즐겁게 누리고 있어요.

나무 같은 고민을 하는 내향인이 참 많으리라 생각합니다. 나무가 지금 그 고민으로 우울해하거나 자괴감에 빠져 있다기보다는 아쉬운 마음이 드는 정도 같아 조금은 가볍게 답변하려고 해요.

먼저 새로운 인연을 만나기 위해서는 소셜 모임 참여를 추천합니다. 여기서 중요한 건 거기에 '연인이 될 가능성이 있는 사람이 얼마나 있느냐'가 아니라 '모임 주제가 얼마나 내 취향과 일치하느냐'예요. 우리 내향인에게 관계 중심의 모임은 좀 부담스럽잖아요. 파티성 모임은 기만 잔뜩 빨리고요. 일회성 만남은 알고 보면 진국인 우리 매력을 드러내기에 너무나 부족하죠. 그러니 나무가 좋아하는 주제의 모임을 찾아보세요. 3~4회 이상 지속되는 모임이면 차차 알아가고 편해져 나중엔 말도 좀 많이 할 수 있을 거예요.

좀 더 적극적으로 인연을 만나고 싶다면 내가 원하는 성별, 나이대의 사람이 많은 모임을 선택하면 되지만, 이때도 다수 인원이 동시에 이야기 나누는 자리보다는 소수 인원으로 구성된 곳으로 가면 좋아요. 이야기를 많이 하지 않아도 솔직한 마음을 드러낸다면 그에 공감하는 이에게 나무를 알릴 수 있을 거예요. 같은 마음인 사람을 만나는 건 시간과 행운이 필요하겠지만요.

연애를 목적으로 한다면 지인에게 소개팅 부탁을 하는 것도 좋고요, 유·무료 앱도 좋아요. 만남이 쉽고 빠를수록 다양한 상대를 만날 가능성이 높겠지만 나무만의 기준만 확실히 세운다면 모든 경우의 수를 열어두라고 말하고 싶어요. 사랑은 열린 문이고 인간관계 또한 모험이니까요. 이때 기준을 세우라고 하는 이유는 안전 때문이에요. 실수와 상처 없이 인간관계를 맺는다는 것도 환상이잖아요.

목적을 위해 누군가를 만나려고 하진 않나요?

지금까지 마음에 드는 제안이 하나라도 있나요? 혹시 다 안 끌리나요? 여전히 낯선 상황과 사람이 부담스럽고 두렵나요? 그렇다면 만남이란 무엇인지부터 다시 한 번 찬찬히 살펴보며 나무의 마음을 들여다보세요.

독일 사상가 마르틴 부버Martin Buber는 인간이 맺는 관계에는 '나와 너'의 관계 그리고 '나와 그것'의 관계가 있다고 이야기해요.

나와 그것의 관계는 도구적 관계예요. 그것은 내 목적을 이루기 위해 필요하므로 더 좋은 그것으로 언제든 대체 가능하죠. 반면 나와 너의 관계는 존재만으로도 의미가 있는 관계예요. 상대를 있는 그대로 수용하며 상대를 통해 뭔가를 이루겠다는 목적이나 의도가 존재하지 않죠. 나와 그것의 관계는 대체할 수 있지만 나와 너는 서로에게 유일하며 대체될 수 없어요.

함께 보낸 시간과 가까운 정도가 나와 너의 관계 혹은 나와 그것의 관계를 정의해주진 않아요. 오랜 기간 만난 연인도 외로움을 달래기 위한 목적으로 만나고 있다면 너가 아닌 그것으로 관계 맺고 있는 거예요. 예컨대 부모가 자녀를 자기가 원하는 모습대로 만들고자 욕망을 투영하고 소유하려 들 때 부모와 자녀 관계 또한 나와 그것의 관계가 되죠.

반면 만난 지 얼마 안 된 관계라 할지라도 서로의 존재만으로도 충만할 수 있다면 나와 너로 관계 맺을 수 있어요. 낯선 여행지에서 서로의 직업도, 나이도 심지어는 이름도 모르는 사람과 진심을 온전히 드러내며 대화를 나눈 적 있나요? 아무리 짧은 만남이라 해도 이 관계는 나와 너의 만남이 될 수 있어요. 부버는 '인간이 참다운 자신의 내면을 발견하기 위해서는 나와 너의 관계를 맺어야 한다'라고 이야기한답니다.

그것이 아닌 너로 다가가는 관계를 만들어보세요

새로운 관계를 맺기가 부담스럽다면 친구, 가족, 동료 등 기존 인간관계에 더 마음과 정성을 들여도 좋아요. 저는 요즘 모아둔 엽서, 매일 찢는 일력, 포스트잇, 다이어리 등에 짧게 메시지를 적어 마음을 전하는 일을 연습하고 있어요. 내향인의 좁은 인간관계를 더욱 깊고 다정하게 가꿔가면 인간관계의 만족도가 올라가거든요.

한번 떠올려보세요. 내가 맺고 있는 관계 중 목적성 없이 그저 서로의 존재만으로 충만한 관계가 있나요? 상대의 모습을 바꾸거나 변화시키려고 하지 않고 있는 그대로 수용하며 그것이 아닌 너로 바라봐주고 있는 관계 말이에요. 나 자신과의 관계 역시 돌아보세요. 나 자신을 있는 그대로의 존재로 받아들이고 있나요? 아니면 자기 자신조차 목적을 이루기 위한 수단으로 이용하며 나의 어떤 모습만 선택적으로 받아들이고 있진 않나요?

그럼 나와 그것의 관계에서 나와 너의 관계로 나아가려면 어떻게 해야 할까요? 족집게 과외처럼 방법을 알려주는 매뉴얼은 없어요. 다만 내가 그것으로 관계 맺고 있음을 인지하고 그렇게 관계 맺은 사람들의 존재를 있는 그대로 받아들이고 존중하는 연습을 하는 것부터 시작할 수 있죠. 물론 쉽진 않을 거예요. 우리는 너무 오랜 세월 동안 나와 그것의 관계를 맺는 데 익숙해져왔으니까요. 하지만 누군가를 그것이 아닌 너로 만날 수 있을 때 지금 나무에게 꼭 필요한 진정한 만남을 가질 수 있을 거예요.

끝으로 나무가 말한 그 "아이러니한 감정"에 한마디만 보태고 마칠까 합니다. 그 감정은 잘 데리고 살아야 해요. 평생 함께할 테니까요. 그러니 내 외로움을, 내 사랑과 기쁨만큼 환영해주세요. 말하지 않아도, 깊이 있고 지혜롭고 고요한 오라는 나무가 혼자 쌓아 올린 시간에서 나오니까요. 나무의 삶이 홀로일 때도 함께일 때도 부족함 없이 굳세고 편안하길 바랍니다.

타인의
불평을 듣느라
지쳐요

Q 친구들의 부정적인 이야기를 듣기가 힘들어요

친구들의 부정적인 이야기를 들을수록 같이 지치고 제가 해줄 수 있는 일도 없어서 어떻게 반응해야 할지 막막합니다. 처음엔 "너무 힘들겠다" "그럴 수도 있지"라고 공감과 격려의 말을 해줬는데 똑같은 이야기를 반복해 들으니 제가 너무 힘듭니다. 저는 문제에 직면하면 현실적으로 생각해서 해결하려고 노력하는데 친구들은 그런 모습조차 보이지 않고 힘들다고 말만 하니 더 답답해요.

한편으로는 친구 고민 하나 못 들어주는 속 좁고 못난 사람이 된 것 같아 마음이 무겁기도 합니다. 이런 양가감정이 드니 친구와 만나기도 싫어지고 잠시 거리를 둬야 하나 고민이 되기도 하네요. 이럴 때는 어떻게 하는 게 좋을까요? _망고

착한 친구가 되겠다는 생각을 잠시 멈춰보세요

안녕하세요, 망고. 무엇보다 먼저 망고가 저마다 자기 힘 듦에 외로이 지쳐가는 시대에 참으로 귀한 사람임을 알려 주고 싶어요. 정말요. 친구의 힘든 이야기를 하나하나 귀 기울여 들어주고 "그랬구나" "힘들었겠다" 알아주고 토닥 토닥 위로해주는 망고의 마음이 참 아름답습니다. 망고의 친구는 편안하고 선한 인연을 가졌네요.

인간이라면 누구나 남에게 인정받고 싶고 사랑받고 싶 다는 마음이 있어요. 그래서 별로 원하지 않는데도 남에게 친절해야 한다는 의무감에 부탁을 들어주고 약속을 거절 하지 못하고 자신이 진짜 하고 싶은 일이 아니라 어쩔 수 없이 해야만 하는 일을 하면서 살아가죠. 사회는 이런 일 을 잘하는 사람에게 '좋은 사람' '배려심 넘치는 사람' '이 타적인 사람'이라는 꼬리표를 붙이며 이 같은 행동을 강화 해요. 결과적으로 사람들은 좋은 사람이 되기 위해 자신을 희생하고 소진하며 자신을 잃어버리죠.

누군가의 부정적인 이야기를 듣는 일에는 많은 에너지

가 들어요. 전문 심리 상담사는 그러기 위해 공부하고 수련해요. 그리고 상담을 해주고 돈을 받죠. 그것도 한 명당 일주일에 딱 한 시간만요. 그런 일을 맘고는 배움도 없이 무급으로 하고 있는 거예요. 친구를 아끼는 마음 하나로요. 그러니 자꾸 반복되면 지칠 수밖에 없어요.

당연히 내가 지치고 힘들어 여유가 없을 때는 다른 이의 고민을 들어주기가 힘들어요. 누군가의 이야기에는 그의 부정적 감정도 포함돼 있어서 내게도 전염되거든요. 잘 담아주고 털어내야 하는 데 그럴 힘이 없을 때는 나도 같이 가라앉고 힘들고 나를 이렇게 만드는 친구가 싫고 부담스러울 수 있어요. 자연스러운 마음의 반응이죠.

물론 타인을 돕고 배려한다는 건 엄청난 능력이에요. 인간이 문명을 건설하고 사회를 유지한 비결 중 하나는 남을 돕고 협동하고자 하는 마음이 있었기 때문이에요. 심지어 뇌는 우리가 이타적인 행동을 할 때 도파민이나 옥시토신, 세로토닌같이 행복감을 느끼는 호르몬을 방출해 기분을 좋게 만들죠.

문제는 타인의 필요와 요구만 생각하느라 우리 자신의 가치와 욕구를 무시하거나 잊어버릴 때 생겨요. 타인을 배려하고 이를 통해 인정받으면 분명 즉각 행복과 만족감을 얻을 수 있어요. 하지만 이 행동이 우리 자신의 가치나 욕구와 상반되는 경우 장기적으로는 불만족감과 피로감을 느낄 수 있어요. 친구의 부정적인 이야기를 들어주고 해결책을 생각해주는 건 좋은 친구가 되고 싶다는 망고의 배려일 수 있지만 망고의 한정된 시간과 에너지를 타인을 위한 일에만 쏟다 보면 번아웃에 이를 수 있고 관계에서도 불균형을 만들어요. 친구로 하여금 망고에게 지나치게 의존하거나 과도한 기대를 하게 하거든요. 그리고 무엇보다 타인의 욕구만 끊임없이 챙기다 보면 정작 내가 원하는 건 뭔지, 나를 위해 뭘 해야 하는지 잊고 가장 중요한 '나 자신'을 잃어버릴 수 있어요.

이제 나를 돌봐야 할 시간

만약 다음 항목 중 두 개 이상 해당한다면 착한 친구가 되기 위한 행동은 잠깐 멈추고 나를 돌봐야 하는 때일지도 몰라요.

☐ 자주 피곤하고 지친다.

☐ 자신의 감정을 무시하거나 억제한다.

☐ "아니요"라고 말하기가 힘들다.

☐ 친구의 반응이나 평가가 신경 쓰인다.

작가이자 다재다능한 예술가 줄리아 카멜론Julia Cameron
은 자신의 책《아티스트 웨이》에서 '우리는 이기적으로 보
일까 두려워 자기 자신을 잃어버리고 스스로 파멸해간다'
라고 이야기해요. 그는 다른 사람의 반응과 느낌에 귀를
기울이는 대신 내가 진정으로 원하는 게 뭔지, 내 삶을 나
를 위해 사용하고 있는지 스스로에게 질문을 던져야 한다
고 조언하죠. 이제 잠시 시간을 내서 망고 자신에게 다음
질문을 던져보세요. 다른 사람의 욕구가 아닌 내 욕구가
뭔지 들어보는 시간을 가져보는 거예요.

· 내 삶에서 가장 부족한 것은 무엇인가요?

· 나는 무엇을 가장 걱정하고 있나요?

· 좋아하고, 하고 싶은데 하지 못하는 일은 무엇인가요?

해결사 콤플렉스에서 벗어나는 방법

나를 위한 시간이 필요하다고 여겨 친구와 거리를 두는 건 정신 건강에는 필요한 행동이지만 친구에 대한 미안함과 죄책감을 불러올 수도 있어요. 자칫 관계 자체가 손상될 수도 있고요. 그러니 상황에 따라 여러 친구들이 돌아가며 힘든 친구를 돌보거나 고민 듣는 시간을 30분 정도로 제한하거나 고민을 나누는 시간이 끝나면 감정 해소를 위해 함께(혹은 혼자) 땀을 충분히 흘리는 시간을 가지는 등의 변화를 주길 권해요.

그래도 어렵다면 망고도 친구의 부정적인 감정에 같이 빠지기 전에 잠시라도 거리를 둬야 해요. 힘든 친구를 받아주는 것보다 내 안에 빈 공간, 마음의 여유를 만드는 일이 먼저니까요. 억지로 참다가 서로 크게 폭발해 관계가 아예 틀어지지지 않도록요.

혹시 망고의 답답함이 친구 문제를 해결해주지 못하는 자신에 대한 좌절감, 무력감과 닿아 있진 않은지도 살펴보세요. 이걸 '해결사 콤플렉스'라고 하는데 어쩌면 친구를 내가 바꿔야 하는 문제 자체로 보고 있을지도 몰라요.

비행기에서 긴급 상황이 생기면 먼저 자신의 산소마스크를 착용하고 노약자나 어린이를 도와주라고 하잖아요. 마찬가지로 내가 건강하고 나를 사랑할 수 있어야 친구도 잘 도울 수 있어요. 그러니 이번 주에는 내가 정말 좋아하는 일에 반나절이라도 시간을 써보세요. 타인의 부탁이나 약속을 거절하는 연습도 해보고요. 친구를 돕기 전에는 내게 그 일을 할 충분한 에너지가 있는지, 내가 정말 돕고 싶은 일인지, 거절하지 못해 떠맡으려는 건 아닌지 한 번 더 생각해보세요.

그리고 친구와 입장을 분리하고 친구를 누구보다 문제와 열심히 싸우고 있는 사람으로 봐주세요. 그런 뒤 이렇게 말해주세요. "네 반복되는 고민에 듣는 나도 힘이 빠지는데 너는 얼마나 지치고 힘들까 싶어. 그런데 나는 알아. 이 문제들이 없던 순간의 네가 얼마나 빛나고 멋진 사람인지. 그리고 믿어. 지금도 네가 할 수 있는 최선으로 이 상황을 극복해나가고 있다는 걸. 오늘 고민은 충분히 했으니 남은 시간은 맛있는 것도 먹고 즐거운 이야기도 하고 많이 웃으며 보내자. 어때?"

좀 닭살이죠? 이 말을 망고만의 표현으로 바꿔도 돼요.

그리고 친구를 꼭 안아주고, 고맙다고 사랑한다고 말해주세요. 끝나지 않을 것 같은 힘든 시간이지만 돌아보면 친구도 망고의 마음과 말, 웃음에 힘을 많이 받았다고 느낄 거예요. 끝으로 망고의 고민을 정성껏 들어줄 친구를 만나는 행운과 힘듦을 고백하고 의지하는 용기가 망고와 함께하길 진심으로 바랍니다.

사랑받을 자격이
없다고 느껴져요

Q 사람들이 정말 절 좋아하는 걸까요?

저는 사랑받을 자격이 없는 것 같습니다. 누군가 제게 호의를 품을 수 있다는 사실을 믿지 못합니다. 주변 사람들이 제게 안부를 물어도 형식적으로만 느껴집니다. 친구가 보고 싶어도 혹시 시간 낭비라고 생각하거나 억지로 불러내는 걸까 봐 먼저 만나자는 말을 못 꺼냅니다. 그저 함께한 시간이 아깝거나 습관적으로 혹은 의리로 제 옆에 남아주고 있는 것 같다는 생각이 듭니다. 어머니의 사랑조차 믿을 수가 없습니다. 그렇다고 어머니가 제게 트라우마를 남길 언행을 하셨거나 한 건 아닙니다. 어느 순간 정신을 차려보니 이런 사람이 됐네요.

새로운 사람을 만날 때도 저를 더 깊이 알면 실망할까 무섭습니다. 사람들의 기대에 미치지 못하는 일이 견딜 수가 없습니다. 이런 생각이 계속 커져 사람들과 만나고 관계를 이어나가는 것 자체를 피해버리게 될까 두렵습니다. _에디

사랑하는 방법을 연습해봐요

안녕하세요, 에디. 누구나 에디처럼 그럴 때가 있어요. 내가 저지른 잘못이 너무 후회스럽고, 취소할 수 없는 나 스스로 내린 선택의 결과인 지금의 내가 밉고 싫은 시간을 만나죠. 저 역시 20대에는 그런 나 자신을 벌주고 싶어서 며칠을 굶기도 했어요. 빈속에 위액이 나오고 장이 뒤틀려 심한 복통에 시달리면서 자취방에 옆으로 웅크리고 누워 밤마다 울었어요. 죽기는 무서웠고요. 그런데 30대에는 더 큰 실수도, 잘못도 하면서 살아버렸어요. 스스로에게 좀 더 너그러워지기로 하면서 과거만큼 제 자신을 괴롭히지 않기로 했어요. 에디의 다른 이의 호의를 믿지 못하는 마음과 사랑받을 자격이 없다는 믿음에 제 안의 오랜 감정이 올라와 슬프네요. 제 감정에 취했다는 이유라도 좋으니 에디를 꼭 안고 한참을 같이 울고 싶어요. 이 글을 쓰는 지금도 주책맞게 눈물이 나네요.

사랑이 수많은 드라마와 영화, 예술의 주제가 되는 이유는 우리 모두 사랑을 갈망하기 때문이에요. 정신분석에서는 출생 시 유아가 어머니에게서 분리돼 불확실한 세계로 던져지는 경험이 우리가 느끼는 불안감, 수치심, 죄책감의 근본 원인이라고 이야기해요. 그 뒤 인간은 다시 합일돼 분리된 상태를 극복하려는 강한 갈망을 갖는데, 사랑은 우리가 분리를 극복하고 일체감을 느낄 수 있는 가장 완벽한 방법이에요. 그래서 사랑에 대한 욕망은 욕망 중에서도 가장 힘이 세요. 사람들이 추구하는 돈, 명예, 지위, 외모 등에 대한 갈망 역시 그 근본 원인을 파고들어가다 보면 사랑받을 만한 사람이 돼야 한다는 욕구에서 비롯되는 경우가 많아요.

우리는 그 무엇보다 사랑을 원하고, 받고 싶어 해요. 그런데 우리는 사랑을 잘 알고 있을까요? 철학자 에리히 프롬Erich Fromm은 저서 《사랑의 기술》에서 '많은 사람이 사랑을 운만 좋다면 누구든 경험할 수 있는 즐거운 감정이라고 착각한다'고 지적해요. 그는 '사랑은 건축, 음악, 미술처럼 노력해 배워야 하는 기술'이라고 이야기하면서 사랑에 관한 세 가지 착각을 설명합니다.

첫 번째로 '사랑은 받는 게 아니라 주는 것이고 노력하고 참여하는 것'이라고 이야기해요. 우리는 사랑을 받는 것으로 생각하기 때문에 사랑받을 만한 사람이 돼야 한다고 생각하며 노력해요. 성공, 지위, 외모 같은 게 사랑을 얻는 중요한 조건이 되고 이를 갖기 위해 애쓰죠. 하지만 심리학적으로 부자는 많이 가진 사람이 아니라 많이 줄 수 있는 사람이에요. 사랑을 받는 것이라 여기면 수동적으로 기다리게 되지만 사랑을 주는 것이라 생각하면 능동적으로 자신의 사랑을 경험할 수 있어요. 사랑을 줄 수 있는 사람은 사랑을 주는 것만으로도 충만한 기쁨을 느끼고 생명력을 경험할 수 있죠.

두 번째로 '사랑은 대상 문제가 아니라 능력 문제'라고 말해요. 사랑을 대상 문제라고 생각할 때 우리는 상대를 그리고 자신을 사회적 가치의 관점에서 파악해요. 서로의 교환가치를 고려하기 때문에 서로가 시장에서 찾을 수 있는 최상의 대상을 찾았다고 느낄 때만 사랑에 빠질 수 있죠. 이때 우리는 늘 '더 좋은 대안이 있진 않을까' '내가 사랑받을 자격이 있을까' '조건이 변하지 않을까' 걱정하며 사랑이 아닌 불안에 빠지게 돼요. 하지만 사랑은 대상이 아니라 능력이라는 프롬의 말대로라면 사랑할 능력이 있으면 대상에 상관없이 그 누구든 사랑할 수 있죠.

마지막으로 '사랑은 감정이 아니라 의지로 선택하는 판단이고 약속'이라고 이야기해요. 사람들이 사랑에 관해 가장 많이 하는 착각은 사랑을 격렬한 감정이라 생각하는 거예요. 누군가와 만나 강한 정서적 끌림을 느끼고 벽을 허물고 일체감을 느끼는 강렬한 감정 체험을 사랑이라 생각하면 쉽게 권태와 실망을 느끼게 돼요. 프롬은 '사랑은 감정이 아니라 의지로 하는 결단이며 판단이기에 이를 위해서는 노력이 필요하다'고 강조하죠. 감정은 쉽게 지나가지만 진정한 사랑은 함께 움직이고 성장하고 일하며 지속되는 거예요.

진정한 사랑을 하는 방법을 연습해볼까요?

에디는 사랑에 관해 어떤 착각을 하고 있었나요? 사랑받을 자격을 갖춰야 한다고, 누군가가 내게 호의를 품는 게 사랑이라고, 스스로가 사랑받을 자격이 없다고 생각하고 있진 않았나요? 그럼 이제 그 착각에서 벗어나 프롬이 말한 대로 사랑의 기술을 배우기 위한 훈련을 해봐요.

먼저 홀로 있는 힘을 키워야 해요. 아이러니하게도 홀로 있는 능력은 사랑을 위한 필수 조건이에요. 우리는 감정적으로 외롭거나 누군가에게 의존하고 싶을 때 사랑할 대상을 찾으려 해요. 하지만 자립할 수 없기 때문에 다른 사람에게 집착하는 건 사랑의 관계가 될 수 없어요. 프롬은 '정신을 집중하고 자신의 호흡을 느끼는 연습'과 '매 순간, 그때 하는 활동에 전념하며 집중하는 훈련'을 통해 홀로 있는 힘을 키울 수 있다고 이야기해요.

다음으로는 상대를 객관적으로 보는 힘을 길러야 해요. 객관적으로 본다는 건 일어나는 일을 있는 그대로 본다는 뜻이에요. 객관적으로 볼 수 없는 사람은 상대에게 환상을 품거나 왜곡된 이미지를 만들고 자기중심적이거나 의존적인 태도에서 벗어날 수 없어요. 객관적으로 볼 때 우리는 욕망이나 공포에 의해 만들어진 이미지에서 상대를 분리하고 있는 그대로 이해하며 사랑할 수 있죠. 있는 그대로 보기 위해서는 먼저 내가 세상을 편향적으로 보고 있다는 사실을 인정해야 해요. 명상이나 글쓰기, 자기관찰 등은 객관적으로 보는 힘을 길러줄 수 있어요.

마지막으로 내가 나를 사랑해주세요. 프롬은 '자기를

사랑하지 않고 다른 사람만 사랑하는 사람은 전혀 사랑할 줄 모르는 사람'이라고 했어요. 남을 사랑하기 위해서는 먼저 나를 사랑할 수 있어야 해요. 이때 나를 사랑한다는 말은 자아도취나 이기심과는 달라요. 나를 사랑할 수 있는 사람은 사랑에 대한 믿음이 있고 이 믿음을 바탕으로 모든 사람을 동등하게 사랑할 수 있죠. 나를 사랑하는 데는 조건이 필요하지 않아요. 내가 나를 사랑하겠다고 결심하고 행동하는 순간 사랑은 시작될 수 있어요.

우리는 모두 사랑받고 싶어 하는 존재예요

에디, 에디 자신은 사랑받을 자격이 없다고 했지만 에디가 좋아하는 사람, 고마운 사람, 사랑하는 사람은 있나요? 혹은 있었나요? 곰곰이 생각해보세요. 그 이름들을 적어보세요. 이해할 수 없지만 내게 다가와준 미안하고 고마운 사람들이요. 그들은 사랑받을 자격이 있었을까요?

　가끔은 '완벽한 사람은 없다' '누구나 실수나 잘못을 한다'는 말이 충분한 설명이 되지 못한다고 느껴져요. 겉으로 보여주는 모습 말고 자기 속의 온갖 비밀을 다 꺼내놔도 사랑받을 자격이 있는 사람이 있을까요? 아무도 없지 않을까요? 나 자신이야말로 내 모든 추악한 모습까지 다 아는 사람인데 그런 나를 사랑할 자격이 있다고 말할 수 있는 사람이 있을까요? 아주 드물지 않을까요?

다시 제 이야기를 할게요. 저는 저를 사랑합니다. 정말이에요. 여전히 못나고 밉고 어리석고 뚱뚱하고 아프고 지질한 구석이 너무너무 많지만 그런 저를 저는 좋아해요. 솔직히 말하자면 그러려고 노력해요. 이런 주인 만나서 고생하는 제 몸과 마음이 불쌍하고 미안해서요. 그래도 견뎌주고 이만큼 살아준 게 고마워서요. 그래서 말로 하고 글로 쓰고 시간을 들이고 돈을 써서 제 자신에게 상을 줘요. 제가 뭘 좋아하는지 잘 아니까요. 에디도 한번 이렇게 해보세요.

그것도 힘들 때는 그리고 어떻게 하는지 몰라 잘 안 될 때는 많은 상처를 주고받았음에도 내가 아끼고 사랑하는 사람을 생각해요. 그리고 지금 엉망진창인 나인데도 불구하고 내 곁에 있어주는 사람을 생각해요. 대부분 같은 사람이더라고요. 자격이 있어서가 아니라, 좋은 감정과 추억만 있어서가 아니라 그저 고단한 삶을 함께 살고 있는 존재에 대한 연민으로 사랑하기로 결심한 사람이요. 어쩌면 의리로 내 곁에 남아 있는 사람이야말로 진짜 내 사람 아닐까요?

에디, 자신이 사랑받을 자격이 없다 생각하고 다른 이의 마음을 믿지 못하고 실망시킬까 봐 무서운 에디. 에디는 그만큼 사랑받고 사랑하고 싶은 마음이 절실한 사람이에요. 그 마음이 정말 귀하고 예뻐요. 이건 에디가 한 어떤 잘못된 행동과 생각에도 불구하고 사실이에요. 그러니 이미 에디 곁에 있는 사람 중 가장 편하고 친밀하고 안전한 사람과 그 마음을 나눠보세요. 더 안전한 사람을 찾는다면 심리 상담사도 좋고요.

그리고 깊이 있는 대화를 통해 긍정적인 것뿐만 아니라 온갖 부정적인 생각과 감정을 나눠도 더욱 연민과 응원, 사랑으로 이해하고 친밀해지는 경험을 쌓아가길 바라요. 앞으로 에디의 삶이 더 다정하고 평화롭길 바라며 이 글을 마무리합니다.

어느 집단에서든
불편한 관계가
생겨요

Q 자존감이 낮아 다른 사람과 자꾸 부딪혀요

사람들과 잘 지내고 싶은데 어느 집단에서든 불편한 관계가 생겨 고민입니다. 최근 회사에서도 팀원 간 불화로 마음이 편치 않아요. 조직에 대한 애정이 높은 편인데 불화가 생기니 회의감과 후회가 듭니다. 우스갯소리로 회사에는 '또라이 질량보존의 법칙'이 있다고 하는데 그 또라이가 저인 것 같고요.

우연히 학창 시절 생활기록부를 떼어봤는데요, 역시나 안 좋은 말들이 적혀 있더라고요. 저는 공부는 잘하지만 말을 잘 듣는 학생이 아니다 보니 선생님들 보시기에 더 아니꼬웠나 봐요. 사회생활에서 고민하는 문제가 유년기부터 지속됐다는 사실을 눈으로 확인하니 더욱 우울해집니다.

낮은 자존감이 모든 원흉 같아요. 자존감이 낮으니 자꾸만 나를 증명해 보이고 싶어 하고 그런 뽐내려는 태도 때문에 모난 돌이 정 맞는 상황이 반복되는 거 아닐까요. 차라리 아예 뻔뻔하든지, 왜 마음은 또 강하지 못해서 후회만 반복하는지 모르겠어요. _가을

내 안의 그림자와 마주하세요

고민을 읽으며 가을의 불편함, 속상함을 느꼈지만 가을이 멋지다는 생각이 들기도 했습니다. 가을은 아마도 인정받기 위해, 손해 보지 않기 위해, 아닌 걸 바로잡기 위해, 내 궁금증을 해소하기 위해, 공정함을 위해 같은 여러 이유로 갈등을 시작하지 않았을까요? 돌아보면 잘 싸웠다 싶은 경우가 있고 비록 후회되는 경우도 있다 해도 어쨌든 가을은 자기 의견을 말과 행동으로 표현한 거잖아요. 그 용감함에 박수를 보내고 싶어요.

사실 사회에는 남의 말을 잘 듣고 순응하는 사람이 더 많으니까 가을처럼 갈등을 만드는 사람들을 유별나다고 평가하는 경향이 있기도 해요. 회사에서 부당한 일을 당해도 맞서 싸우기보다는 갈등을 일으키기 싫으니 순응해버리는, 회사에서든 사석에서든 누군가의 주장에 동의하지 않지만 말을 꺼내면 싫은 시간이 길어질까 봐 혹은 피곤해질까 봐 가만히 있는 사람이 더 많죠. 그러다가 가끔 오랫동안 표현하지 않았던 부정적 감정이 폭발해버리면 상대는 당황해요. 서로 이야기해서 풀기보다는 같이 화를 내며 비난만 하다 관계가 틀어지기도 해요.

우리가 기억해야 할 사실은 갈등과 평화 모두 내가 선택할 수 있다는 점이에요. 모든 상황에서 상대가 헛소리를 하거나 이유 없이 나를 미워해도 우리는 선택할 수 있어요. 그와 갈등할 것인가, 평화를 지킬 것인가. 무엇이 옳고 그른지 판단하는 가을만의 선명한 기준이 있겠죠. 가을을 열불 나게 하는 '레드 버튼'도 있을 테고요.

혹시 그것들 때문에 어쩔 수 없이 갈등할 수밖에 없었나요? 우리는 불만족스러운 결과의 원인을 내 통제 밖에 둘 때 후회하고 억울해합니다. 말 그대로 원인이 내가 아니니까 바꿀 수도 없거든요.

그러니 곰곰이 현재 상황과 이어질 결과를 따져보고 선택합시다. 갈등하기로 했다면 불편한 관계를 받아들이고 선을 긋고 주장하는 동시에 나를 지키세요. 평화롭기로 했다면 나와는 다른 그의 삶을 먼저 존중해주세요.

때로는 갈등하기를 선택한 후 힘들게 속내를 털어놓다가 울기도 하고 화도 내면서 진이 쏙 빠지는 경험을 하면 서로를 더 투명하게 이해하고 친밀한 관계로 나아갈 수 있어요. 반대로 평화를 선택한 후 좋은 관계를 유지하면서 혼자 참고 참다 끝내 조용히 '손절'할 수도 있죠.

정의나 이익이 아닌 원만한 대인 관계를 원한다면 내 판단(그 판단이 지극히 상식적이고 옳다 하더라도)을 내려놓고 평화를 선택해보세요. 가을과 다른 생각, 행동, 태도, 습관 등이 상대 입장에서는 지극히 자연스러운 것임을 알게 될 수도 있습니다. 동의하지는 못해도 내 안에 약점이 있는 것처럼 '그의 안에도 상처와 분노가 있어 그렇구나' 이해할 수는 있을 거예요. 가을은 조직에 애정이 크다고 했는데 마찬가지로 애정이 크지만 다르게 표현하는 사람도 있고 애정이 작아도 회사를 다니는 사람이 있다는 사실을 배우게 될지도요.

불편한 관계에서 내 그림자를 만날 수 있어요

한편으로는 반복되는 불편한 관계에서 내 그림자를 찾아봄으로써 성장하고 성숙하는 기회를 만들 수도 있어요. 가을은 자존감이 낮아 인간관계에서 갈등이 일어나는 것 같다고 이야기했죠. 가을이 부딪히는 사람 중 유난히 가을의 감정을 거슬리게 하고 별 이유 없이 싫은 사람이 있나요? 그 사람들에게 공통적으로 발견되는 성격이나 특징이 있다면 그게 바로 내 그림자일 수 있답니다.

그림자는 누구에게도 보여주고 싶지 않고 인정하고 싶지 않은, 가장 싫어하기 때문에 절대 그렇게 되지 않으려고 노력해온 내 모습이에요. 보여주고 싶지 않아서 무의식에 꼭꼭 숨겨뒀기 때문에 내게 그런 모습이 있다는 걸 쉽게 볼 수도, 인정할 수도 없죠. 그래서 우리는 타인에게서 내 그림자를 발견할 때 평소와는 다른 감정 동요를 겪게 돼요. 똑같이 마음에 안 들어도 '별로네' 하고 쉽게 넘어갈 수 있는 사람이 있는 반면 '어떻게 저럴 수 있지? 정말 말도 안 돼, 최악이야!' 하고 감정 동요를 만드는 사람이 있어요. 감정 동요가 있는 그곳에 내 그림자가 도사리고 있을 가능성이 큽니다. 내게 없는 건 감정 동요를 가져다주지 않으니까요.

우리 안에 어떤 마음이 있을 때 그 마음을 있는 그대로 인정해주면 그림자는 생기지 않아요. 하지만 내게 그 마음이 있음을 인정할 수 없을 때 우리는 쓰레기 버리듯 내 마음을 무의식 속에 밀어 넣어버리죠. 무의식으로 던져진 마음은 사라진 것처럼 보이지만 사실 사라지지 않고 그림자로 남아 있어요. 그래서 무의식에 있는 내 그림자를 타인을 통해 보면 더 크게 발작하며 감정 동요를 만들어내죠. 내 그림자를 타인에게 씌우고 타인을 더 크게 비난하며 자신은 그 그림자에서 무결하다고 스스로를 합리화해요. 누군가에 관한 대화를 나누는데 괜히 기분이 안 좋아지고 감정 섞인 비난을 보태야 직성이 풀린다면 이런 투사가 일어나고 있을 가능성이 커요.

규칙을 중요시하고 절제하는 사람이 자유롭게 자기 욕구를 표현하는 사람을 만나면 방정맞고 꼴사납다고 비난할 수 있지만 사실 그 안에는 부러움이나 자유로움에 대한 억눌린 갈망이 있을 수 있어요. 허세 부리는 사람이 너무 싫고 짜증 난다면 내 안 깊숙이 허세 부리고 싶다는 마음이 자리 잡고 있다는 뜻일 수 있고요. 신중하고 내향적인 사람은 주목받고 드러나고 싶은 갈망이 있으면서도 주변의 시선 때문에 이를 숨길 수 있는데 이때 외향적이고 주목받기 좋아하는 사람을 만나면 부러운 마음을 솔직하게 드러내는 대신 잘난 척하고 설치고 돌아다닌다고 비난할 수 있죠.

이렇게 누군가에게 내 그림자를 투사할 땐 그 사람의 긍정적 측면보다 부정적 측면을 훨씬 더 크게 보게 되고 필요 이상으로 감정이 격렬해져요. 그래서 투사하는 사람을 실제보다 훨씬 더 나쁘게 보기 쉽지만 사실 내가 안 좋게 보는 그 사람의 모습은 내 마음속에 억눌려 있던 그림자일 가능성이 큽니다. 그래서 누군가가 정말 싫어진다면 그 사람을 비난하는 대신 내 어떤 그림자가 건드려져 이렇게 싫은 마음이 올라왔는지 알아차리는 일이 필요해요.

우리는 모두 그림자와 함께 살아가요

인간이라면 누구나 그림자가 있어요. 우리가 정말 해야 할 일은 그림자를 없애기 위해 노력하는 게 아니라 그림자를 알아차리고 그림자를 미워한 나 자신과 화해하는 거예요. 그림자와 함께 살아가는 법을 배울 때 우리는 비로소 나를 있는 그대로 사랑하는 법을 배울 수 있어요. 그럼 내 안의 그림자와 화해하기 위해 뭘 할 수 있을까요?

첫째, 내게 있는 그림자를 알아차려요. 이게 가장 중요해요. 그림자는 무의식에 숨어 있기 때문에 나이를 먹거나 경험이 생긴다고 저절로 드러나지 않아요. 그림자를 알아차리려면 노력을 해야 하죠.

이때 투사는 그림자를 발견할 좋은 수단이 될 수 있어요. 감정적 동요와 불편한 마음이 느껴지는 곳에는 언제나 내 그림자가 존재하거든요. 불편한 마음을 피하거나 억누르지 말고 가만히 살펴보세요. 글을 쓰거나 상담을 받는 것, 꿈 일기를 쓰는 것도 그림자를 찾는 데 도움이 될 수 있어요.

둘째, 그림자를 있는 그대로 인정해줘요. 외면하고 싶은 내 그림자를 발견했다면 내게 있는 그 모습을 인정하고 안쓰럽게 여기세요. 그림자가 없는 사람은 아무도 없고 우리는 모두 그림자와 함께 살아가야 해요. 그림자를 인정한다는 건 완벽하지 않은 나를 받아들이고 그 안에 있는 그대로의 온전함과 아름다움을 발견하는 거예요. 무의식에 버려져 있던 그림자를 꼭 안아줄 때 우리는 비로소 자신을 있는 그대로 사랑하는 법을 배울 수 있어요.

그림자를 알아차리고 인정하는 일은 자신과 화해하는

동시에 끊임없이 미워하고 투쟁했던 타인 그리고 세상과도 화해하는 거예요. 내 그림자와 화해할 때 우리는 다른 사람의 그림자에도 더 관대해지고 불완전함을 포용하며 그 안에서 아름다움을 발견하고 살아가는 법을 배울 수 있죠. 가을은 어떤가요? 자신의 그림자를 마주할 준비가 됐나요?

외로워서
연애에 집착하게
돼요

Q 연애가 끝난 후 느끼는 공허감이 힘들어요

서로 마음에 들어 연애를 시작했는데 어느 순간 제가 더 좋아하고 상대는 저를 좋아하지 않는 것 같아 헤어졌습니다. 좋아하는 사람이 나를 좋아하지 않는다는 사실을 받아들이느라 마음이 많이 아팠어요.

두 달이 채 안 돼서 다시 혼자가 되니 더 연애를 하고 싶습니다. 연애를 하기 전에는 혼자서도 잘 지냈고 당분간은 연애를 안 해도 좋다고 생각했는데 어쩌다 한 짧은 연애 때문에 오히려 연애에 집착하게 된 것 같아요.

혼자서도 안정적인 사람이 연애도 잘한다고 하잖아요. 그래서 그런 사람이 되려고 노력했고 어느 정도는 그렇게 된 것 같았어요. 그런데 요즘 저는 혼자 오롯이 서기보다 누군가에게 기대고 싶고 누군가가 나를 좋아해줬으면 하는 마음에 마냥 외롭습니다. 가족이나 친구들과 있어도 그때뿐, 혼자 있을 때면 어김없이 공허함과 외로움을 느껴요. 사랑하는 사람만이 채워줄 수 있는 안정감을 받고 싶은데 어떻게 하면 좋을까요? _레이

연애만이 채울 수 있는 공허감은 없습니다

안녕하세요, 레이! 연애, 결혼이 개인의 행복에 도움이 될까요? 저는 여기에 비관적입니다. 연애와 결혼에 따르는 독점적 사랑과 사회적 압박이 초래하는 감정 소모가 너무 큰 나머지 지치고 상처받는 경우를 많이 봐서요. 그럼에도 불구하고 레이의 사랑하고자 하는 마음과 사랑을 선택하는 용기에 존경과 응원을 보냅니다!

시작부터 연애비관론자임을 밝힌 김에 두서없이 레이 말을 몇 가지 짚어보려고 합니다. 먼저 "혼자서도 안정적인 사람이 연애도 잘한다"라는 말은 얼마나 사실일까요? '안정적인 연애 관계를 유지하는 능력은 있다'로 한정한다면 사실인 것 같아요. 하지만 이들의 시작은 더 어려울 수도 있습니다. 혼자로 충분하니 관계에 대한 결핍이 적고 연애에 수반하는 생활 패턴 변화를 감당하길 원치 않기도 합니다. 그 대신 연애를 시작할 때뿐만 아니라 전반적으로 안정감 있게 나와 상대를 탐색할 수 있다는 강점도 있죠. 레이가 전 애인과 헤어진 것 역시 아픈 마음 그대로 혼자 있을 수 있는 능력에서 나오는 것이니까요.

그럼 "짧은 연애 때문에 오히려 더 연애에 집착하게 된 것"은 사실일까요? 제 생각은 다릅니다. 제가 소설을 한번 써보자면요, 레이는 혼자여도 충분히 행복한 사람이잖아요. 자연스럽게 넘치는 기쁨이 매력이 돼 연애를 시작하게 됐겠죠. 레이는 행복과 기쁨을 함께 나눌 기회를 만나 마음껏 사랑하려 했고요. 하지만 상대는 보는 눈도 없고 어쩌면 사랑할 준비도 되지 않아서 연애를 제대로 해보지도 못한 채 이별하게 됐어요. 연애는 아주 자극이 센 경험이라 설렘도 아픔도 커서 감정의 진폭도 아주 높고 깊어졌죠.

지금의 레이에게는 연애 전에 누렸던 일상의 소소한 즐거움과 만족이 상대적으로 심심하게 느껴질 수밖에 없어요. 마치 자극적이고 매운 음식들에 길들여진 혀에 집밥이 밍밍한 것처럼요. 몸에 좋은 된장국을 먹으면 어딘가 아쉽고 맥주에 치킨이 당기는… 아, 너무 갔네요. 죄송합니다.

지금 레이가 느끼는 외로움은 인간이라면 누구나 가지는 감정이에요. 어쩌면 연애에서 온 것이 아닐 수도 있죠. 그럼 외로움에 관해 한번 이야기해볼까요?

외로움은 어디서 생겨날까요?

비만, 과음, 운동 부족, 담배보다 건강에 더 위험한 게 바로 외로움이에요. 줄리앤 홀트룬스타드Julianne Holt-Lunstad 박사는 2009년 전 세계 30만 명 이상이 참여한 연구를 통해 '사회적 관계가 약한 사람은 조기 사망할 확률이 50퍼센트나 더 높았고 하루에 담배 15개를 피우는 것만큼이나 건강에 심각한 위협이 될 수 있다'고 발표했어요. 외로움이 심장질환, 고혈압, 뇌졸중, 치매, 우울증, 불안장애의 확률을 높이고 수면장애와 면역체계 약화, 판단력 저하를 불러온다는 연구 결과도 계속해서 나오고 있어요. 아무리 좋은 음식을 먹고 운동을 해도 관계로부터 단절되고 외로움을 느낀다면 건강한 삶을 지속하기 어려운 거죠.

외로움이 건강과 밀접하게 관련이 있는 이유는 외로움이 우리의 생존을 위해 발달한 감정이기 때문이에요. 심리학자 윌리엄 폰히펠William von Hippel은 '인류는 약 300만 년 전부터 생존을 위해 무리 짓기 시작했다'라고 이야기해요.

이 시기 인류는 맹수에게서 자신을 보호해야 했는데 무리 지어 살면 적을 교대로 감시할 수 있고 적에게 공격당했을 때도 조직적으로 제압해 서로를 구할 수 있었죠. 채집한 식량을 한데 모아 굶을 가능성을 줄이기도 쉬웠어요. 그뿐만 아니라 집단생활은 인류가 짝을 찾아 번식하고 양육하기 훨씬 쉽게 해줬고 이런 협력으로 인류는 생존을 넘어 혁신하고 창조성을 키워나갔어요.

무리에서 따로 떨어져 나오면 공격받거나 굶주려 죽을 가능성이 높아지기 때문에 인류는 자연스레 혼자가 되는 경험을 회피하도록 진화했어요. 즉, 인간은 생물학적으로 누군가와 함께 있으면 기분이 더 좋아지고 함께 있는 것이 정상이라고 느끼게끔 프로그래밍돼 있어요. 타인과 어울리고 관계를 맺을 때 뇌는 옥시토신, 도파민, 엔도르핀같이 우리를 행복하게 해주는 호르몬을 분비해요.

우리가 느끼는 세 가지 차원의 외로움

더는 맹수에게 쫓길 위험도, 굶어 죽을 위험도 없지만 우리는 여전히 외로움에 취약해요. 외로움은 사회적 관계가 부족하다는 주관적 느낌이기 때문에 늘 사람들에게 둘러싸여 있는 사람도 외로움을 느낄 수 있어요. 책《우리는 다시 연결되어야 한다》에 따르면 우리는 크게 세 가지 차원의 외로움을 경험할 수 있다고 해요.

첫 번째는 사적 외로움 또는 정서적 외로움이에요. 이는 친구나 애인, 가족처럼 가까운 관계를 통해 깊은 우정과 사랑을 나눔으로써 채워질 수 있어요. 두 번째는 관계적 외로움 또는 사회적 외로움이에요. 이런 외로움은 양질의 우정과 사회적 동료애, 지지를 통해 채워진다고 해요. 마지막 세 번째는 단체적 외로움으로, 목적의식과 관심사를 공유하는 사람과의 네트워크나 커뮤니티를 통해 채워질 수 있는 감정이에요.

이 세 가지 중 하나라도 결핍되면 외로움을 느낄 수 있어요. 가족이나 친밀한 연인 관계에서 정서적 외로움을 채울지라도 친구 사이가 소원하거나 같은 관심사를 공유할 수 있는 사람이 없다면 외로움을 느낀다는 거죠. 내 외로움이 어떤 관계의 부족에서 왔는지 살펴본다면 어떤 관계를 더 맺어야 할지도 알 수 있어요.

내가 나의 좋은 친구가 돼줘야 해요

혹시 눈치챘나요? 연애(결혼)만이 채울 수 있는 외로움은 없어요. 외로움을 얻기 위한 관계를 맺는다면 실패하기 쉽고요. 그 사람만이 채워주는 뭔가가 있다는 말 자체가 누군가에게 의존할 수밖에 없다는 의미를 포함하기 때문이에요.

역설적으로 들릴 수도 있지만 외로움을 극복하고 건강한 관계를 맺기 위해 가장 필요한 건 나와의 관계를 회복하는 일이에요. 내가 나 자신과 좋은 친구가 돼주고 친절하고 솔직하게 나를 대해주는 게 중요해요. 내 장점과 존재 가치를 다른 사람에게 확인받지 않아도 괜찮다는 것을 이해할 때 우리는 타인과도 더 건강하게 관계 맺을 수 있어요. 또 혼자 있는 시간에도 외로움을 느끼는 대신 고독을 음미하는 시간으로 승화할 수 있죠.

다들 바쁘고 자기중심적으로 움직이는 것 같은 세상이지만 사실 사람들은 마음속 깊이 서로 연결되고 싶어 한다는 사실을 이해하는 것도 중요해요. 누군가가 내게 다가오길 기다리는 대신에 먼저 작은 친절을 베풀고 다가가봐도 좋아요. 먼저 말을 걸고 도움을 주는 작은 행동이 외로움을 예방하고 연결됐다는 느낌을 주는 시작점이 될 수 있어요.

이미 레이는 안정감을 지닌 사람이에요. 지금도 그 단단한 안정감 위에서 설레는 연애의 후폭풍인 심심함과 외로움을 잘 느끼고 있습니다. 끝으로 레이에게 아주아주 어려운 숙제 하나 내주고 글을 마칠까 해요.

홀로 온전한 레이! 지금도 연애를 원한다면 역시 홀로 굳세고 편안한 사람을 찾아보세요. 그리고 온몸과 마음으로 사랑하세요. 연애를 안정감을 얻는 수단이 아닌 사랑을 배울 기회로 삼으세요. 그 배움의 과정에서 레이의 기쁨과 사랑을 함께 누릴 연인, 가족, 친구, 동물, 식물, 생명 그리고 레이 자신이 레이의 삶 그대로가 정말 부족함 없이 아름다운 선물임을 발견하길 바랍니다. 응원을 보내요.

15

엄마의 감정에 지나치게 몰입하게 돼요

엄마의 슬픔에서 벗어나 나를 찾고 싶어요

엄마와 아빠, 언니와 한집에 살며 취업 준비 중입니다. 최근에 엄마가 아빠의 말에 심한 상처를 받아 마음의 문을 닫으셨어요. 서로 대화도 단절됐고 엄마는 아빠가 웃는 모습을 보는 것도 너무 힘들다 하세요. 대화를 시도해도 엄마가 자꾸 상처받는 일이 반복되니까 아예 대화를 안 하기로 하신 것 같아요.

엄마와 함께 집에 머무는 시간이 많다 보니 엄마의 기분과 감정에 몰입해 일상을 보내는 시간이 많아졌어요. 그동안 제 감정이나 욕구에 대해서는 질문하거나 관심을 갖지 못했던 것 같아요. 이런 상태가 2개월 정도 지속되니 마음이 자꾸만 힘들어집니다. 엄마의 감정에 신경 쓰고 엄마에게 도움이 돼야겠다는 생각을 하다 보니 저 자신을 잃어가는 듯해요.

가끔 엄마 입장과 감정에 동화돼 눈물을 흘리기도 합니다. 엄마가 괴로워하는 모습을 볼 때마다 마음이 너무 아프고 제 마음의 뿌리가 '나'가 아닌 '엄마'로 채워진 것 같아 힘들어요. 엄마를 위해 할 수 있는 일이 뭔지도 잘 모르겠어서 혼란스럽고 우울하고 제가 도움이 될 수 없을 것 같아 무기력합니다.

엄마를 배려하다 보니 생긴 어쩔 수 없는 현상일까요? 제 감정과 욕구에 집중하면서 동시에 엄마가 우울하지 않게 말하고 행동하는 방법이 있을까요? _우디

**부모 일은 부모가 해결하게 내버려두고
내 삶을 시작하세요**

우디의 고민을 읽으면서 어머니를 배려하고 돌보는 모습
에 감동받았어요. 참으로 선하고 아름다운 마음이에요. 정
말 귀해요. 하지만 이 답변 글에서 가장 전하고 싶은 한 문
장은 "어머니 돌보기를 멈추세요"입니다.

고민 글에서 놀란 부분은 우디가 어머니에게 받는 영향
을 아주 잘 이해하고 있다는 거예요. 네, 맞습니다. 우디는
어머니 입장에 몰입돼 있어요. 마땅히 아버지와의 관계에
서 채워져야 할 어머니의 정서적 욕구를 우디가 힘겹게 채
우려 하고 있죠.

이번만이 아닐 수도 있겠네요. 부부 갈등의 결과로 자
녀가 한쪽 부모의 정서적 돌보미가 되거나 가족 분위기의
중재자가 되는 일은 빈번히 일어나거든요. 하지만 자녀는
갈등의 당사자가 아니고 영향력도 약해 지금의 우디처럼
부정적 감정만 그대로 흡수할 뿐이고 거기에 무기력함까
지 더해져 더 힘들어하기만 합니다.

우디의 "엄마가 우울하지 않게 말하고 행동하는 방법이 있을까요?"에 답변을 드릴게요. 없습니다. 어머니 감정까지 우디가 책임지려고 하지 마세요. 옳고 그름의 문제가 아닙니다. 불가능한 일이에요. 그러니 부모 일을 부부인 그들이 감당하고 해결할 수 있도록 내버려두세요. 미안한 말이지만 자녀가 부부 갈등에 개입하면 자녀의 노력은 갈등의 지속과 악화로 이어집니다. 그러니 물러나세요. 바로 대화를 단절하라는 뜻은 아니에요. 어머니와 대화하거나 함께 슬퍼하는 시간을 갖되 줄이고 그 시간 외에는 어머니와 분명하게 선을 긋고 우디의 현재에 집중해야 합니다.

가족이라는 아이러니

인간이라면 누구나 태어나는 순간부터 가족, 특히 부모에게 의존하는 기간을 거쳐요. 그래서 가족은 누구에게나 중요하죠. 가족이 충분한 사랑을 준다면 참 좋겠지만 아쉽게도 모든 가족이 그런 것 같진 않아요. 가족을 스스로 선택한 사람은 아무도 없어요. 선택하지도, 통제하지도 못하는 가족 때문에 힘든 시간을 보내다 보면 가족을 그리고 그런 가족을 떠나지 못하는 나 자신을 미워하게 됩니다.

가족을 미워하는 마음은 사실 '애착'에서 비롯됩니다. 애착이란 '위기의 순간에 믿을 만한 대상에게 다가가고자 하는 인간의 경향성'을 말해요. 가장 취약한 어린 시절 우리는 당연히 주 양육자 혹은 부모에게 다가가 위로를 얻기 원하고 그들은 우리의 애착 대상이 되기 쉽죠. 애착을 흔히 사랑과 따뜻함, 소통이라고 생각하기 쉽지만 미움과 증오도 애착의 한 모습이에요. 둘 다 '애정'을 기대하기 때문에 생기는 감정이니까요.

더는 버틸 수 없는 힘든 순간에 우리는 애착 대상인 가족에게 달려가 안정을 얻고 싶어 하지만 이것이 좌절되면 스스로를 미워하게 돼요. 가족에게 사랑받고자 하는 욕구가 채워지지 않는 세월이 길어지면 마음 깊은 곳에 '거절당했다'라는 감정이 쌓이고 이는 '나는 나쁜 사람'이라는 생각으로 이어집니다. 가족을 나쁘다고 생각하면 사랑받을 수 있는 마지막 보루가 없어진다는 위기감이 생기니 차라리 '내가 나쁜 거야. 내가 사랑받을 만큼 좋은 사람이 아닌 거야' 하고 스스로를 다그치는 거죠. 고민 글에서의 우디는 어머니를 돌보는 사람이지만 이 답변에서의 우디는 부모의 갈등과 심리적 문제로 충분히 사랑받지 못하는 자녀가 된다는 점을 발견했나요?

가족에 대한 내 마음 정산하기

기대만큼 사랑을 채워주는 가족이 있다면 참 좋겠죠. 하지만 아쉽게도 그렇지 않다면 우리는 이제 선택의 자리에 서야 합니다. 계속 그곳에 주저앉아 슬퍼하며 스스로를 나쁜 사람이라고 채찍질할지 아니면 그곳에서 걸어 나와 '나는 그렇게 나쁜 사람은 아닐지도 모른다'의 증거를 모아볼지 말입니다. 이를 위해서는 가족에 대한 애착에서 떠나는 '탈애착' 과정이 필요합니다.

탈애착은 일부러 가족을 더 많이 미워하거나 더 무관심하게 대하라는 의미가 아닙니다. 내 삶을 돌아보며 감사할 부분이 있다면 그만큼만 감사하고 미워할 부분이 있다면 그만큼만 미워하면 됩니다. 이를테면 최종 정산인 셈이죠. 가족은 완벽하게 사랑해야 할 대상도, 완벽하게 미워해야 할 대상도 아닙니다. 부족한 인간으로 태어나 함께 의존해야 했던 대상일 뿐 거기에 평생 머무를 필요는 없습니다.

부부 갈등의 뿌리가 깊고 어머니의 심리적 고통이 커서 우디가 보기에 어머니를 혼자 두는 게 위험하고 불안하다면 어머니에게 전문적인 심리 상담을 권하세요. 결국 어떻게 할지는 어머니 선택에 맡기고요. 집에서 머무르는 시간을 줄이고 우디가 사는 지역, 상황에 맞는 방식으로 우디의 시간을 재분배하세요. 지금부터라도 내 감정과 욕구를 알아차리고 존중하고 표현하는 연습을 해보세요.

어머니를 위해 할 수 있는 일이 뭔지 물었는데 제 답변이 가혹했죠. 우디가 좀 더 길게 보면 좋겠어요. 어머니는 사회적, 경제적으로 차별받고 억압받는 전통적 여성으로 사는 삶에 묶여 있는지도 모릅니다. 시대가 그랬을 수도 있고 어쩔 수 없는 상황이 있었을지도요. 지금은 그 삶에 익숙해지고 지친 나머지 변화를 시도할 기운도 없어 우디를 앉혀놓고 신세 한탄만 하는 걸 수도 있고요. 우디는 꼭 자기중심을 분명히 잡고 스스로 지켜내는 삶으로 나아가세요. 어쩔 수 없이 역할을 떠맡는 삶이 아닌 두려움을 이겨내고 원하는 것을 선택하고 책임지는 삶을 사세요. 어머니가 나중에라도 자신을 위한 힘을 내려고 할 때 우디를 보며 용기를 얻을 수 있도록 어머니의 미래가 되세요.

부모와 거리를 두고 먼저 나를 키우세요. 어머니, 아버지와 우디는 한 명, 한 명의 일대일 관계입니다. 어머니 입장이 아니라 두 사람의 자녀이자 개인으로 관계를 재정립할 수 있길 바랍니다. 글로는 쉽지만 실제로는 난관이 많겠죠. 하지만 우디가 가야 할 길입니다. 노트를 펼치세요. 지난 일주일을 어떻게 보냈는지 적어보세요. 나를 중심으로 새로운 일주일 계획표부터 쓰고 푹 자고 일어나 변화를 위한 첫날을 맞이하길 바랍니다.

16

부모님의 이혼으로
힘들어요

Q 부모님의 이혼 후 어떻게 살아가야 할까요?

부모님이 50대에 이혼하기로 결정하셨어요. 아빠가 집에서 나가기로요. 아빠와의 추억은 단 한 번 제가 아플 때 간호해주신 것과 계란빵을 해주신 게 있네요. 서로 싸우던 부모님, 담배와 술에 쩐 아빠, 직장에서 돌아오면 TV만 보는 아빠와 책만 읽는 엄마. 부모님과 제대로 된 대화를 나눠본 기억이 없어요. 마음이 많이 복잡합니다.

늘 외롭고 우울해 병원에서 치료를 받기 시작했어요. 저도 자신을 아끼고 긍정적인 삶의 태도를 지니고 싶은데 이런 상황에서 나란 사람도 귀중한 존재라는 걸 자꾸 잊고 소극적으로 행동하게 됩니다. 상황은 변하지 않는다는 거 알아요. 그럼 저는 어떤 삶의 태도를 가지면 좋을까요? _던

나를 위한 아주 작은 좋은 행동 하나를 선택하세요

던done. 영어사전을 검색해보니 'done'의 첫 번째 뜻은 형용사로 '다 끝난'이네요. 던의 부모님은 행복하지 않은 결혼생활을 끝내기로 선택했습니다. 정말, 끝났습니다.

사는 내내 제대로 된 대화를 나눈 기억이 없다니, 부부관계에도 어린 자녀가 나설 수 있는 일은 없었고 마지막 결정도 통보만 받았겠죠. 던이 외롭고 무력하고 우울할 수밖에요. 복잡하면서도 허탈할 수밖에요.

그러나 던의 말처럼 상황은 끝났고 변하지 않습니다. 아이가 부모에게 바랐던 당연한 사랑은 채워지지 않았고 이제 그 가능성마저 다 사라진 것처럼 느끼고 있다 해도 "참 안타까운 일이에요"라고 어깨를 토닥이고 안아드리는 일 외에는 할 수 있는 게 없네요.

자, 그러니 벗어납시다. 희망을 놓아줍시다. 부모에 대한 기대를 내려놓고, 늘 싸우면서도 50이 넘어서야 겨우 각자의 삶을 살기로 선택한 두 가여운 중년에게 손을 흔들어줍시다. 이왕이면 그동안 고생 많으셨다고 안아도 드립시다.

내 문제의 원인을 가족이나 과거에서 찾지 마세요

우리는 보통 마음이 힘들 때 과거에서 문제의 원인을 찾으려 해요. 부모의 사이가 나빠서, 엄격한 부모 밑에서 자라서, 어렸을 적 따돌림을 당해서, 자신을 무시하는 선생님에게 상처를 받아서 지금 내가 이렇게 힘든 거라 생각하죠. 전통 심리학은 이런 믿음을 더 강화해요. 유명한 심리학자 프로이트는 기억조차 할 수 없는 아주 어렸을 적 경험에서 많은 심리적 문제가 시작된다고 이야기하니까요.

기억조차 잘 나지 않는 수많은 과거의 일을 끄집어내어떻게든 문제의 원인을 찾고자 애쓴 적이 있나요? 자주 싸우던 부모님 때문에 힘들었던 기억이 많은 던이라면 내가 지금 우울한 이유를 가족에게서 찾고 있을지도 모르겠네요.

물론 이런 노력이 아무 효과가 없는 건 아니에요. 하지만 인간은 생각보다 훨씬 더 복잡한 존재고 우리가 겪는 심리적 문제의 원인 역시 아주 다양하다는 사실을 기억할 필요가 있어요. 심리적 문제의 원인을 확실하게 찾는 일은 우주의 탄생에 대한 아주 명쾌한 해답을 찾는 일만큼이나 어렵거든요. 과거 경험, 내가 처해온 환경에 문제의 원인을 돌릴 수도 있겠지만 진실은 그것보다 훨씬 더 복잡하다는 점을 이해해야 합니다.

정말 중요한 건 원인이 아니라 해결이에요

현대 심리학자들은 모든 문제의 원인을 과거에서 찾으려 하면 우리 자신에게 현재를 바꿀 힘이 있다는 것을 잊어버리고 스스로를 피해자로 만들 수 있다고 지적해요.

지금 상황의 책임이 부모님, 선생님, 과거 친구들 혹은 어쩔 수 없이 겪은 비극적인 경험에 있다고 생각하면 단기적으로는 마음이 훨씬 편해지고 현실에서 도망칠 수 있어요. 하지만 이런 태도는 문제 해결에는 도움이 되지 않는다는 점을 기억해야 해요. 정말 중요한 건 명쾌하게 알 수 없는 문제의 원인을 찾는 게 아니라 문제의 해결책을 찾고 실행하는 것입니다.

과거에 얽매이지 않고 심리적 문제를 잘 해결하기 위해서는 먼저 그 문제를 보는 우리의 관점을 바꿔야 해요. 심리적 문제를 '복합적인 이유로 마음에 새겨졌지만 고쳐야 할 습관'이라고 생각한다면 더 유연하고 능동적인 마음으로 상황을 바라볼 수 있습니다. 그리고 변할 수 있다는 믿음을 가져야 하죠.

우리는 각자가 선택한 모습으로 삶을 살아갑니다. 내 문제를 해결할 수 있고 변할 수 있다고 믿는다면 변할 수 있지만 변할 수 없다고 믿는다면 결코 변할 수 없어요. 결국 우리는 각자가 믿기로 선택한 신념대로만 삶을 경험하게 되니까요.

과거를 탓하며 문제를 회피할지, 기꺼이 스스로를 바꿀 수 있다고 믿고 내가 원하는 모습으로 살지 선택할 수 있는 사람은 오직 나 하나뿐입니다. 던은 어떤 선택을 하고 싶나요?

내가 원하는 삶을 선택하는 방법

던의 글에 어떤 삶의 태도를 가지면 좋을지 그 답이 있습니다. 나를 아끼는, 긍정적인 삶의 태도를 가지면 됩니다. 하지만 이렇게 막연한 문장으로 상담이 끝나면 아무 의미가 없겠죠. 오히려 그러지 못한 나를 비난하는 이유만 되고요. 그러니 디테일과 연습이 필요합니다.

과거 〈밑미 라이브〉라는 행사에서 삶을 긍정적으로 바라보고 일상에서 나를 소중히 여기는 리추얼 메이커 롤리와 무과수의 강연을 진행한 적이 있는데요, 그들의 특급 노하우를 던에게 소개해줄까 해요.

롤리는 '걱정문'을 '긍정문'으로 바꿔 적는 연습을 제안합니다. 예를 들면 '늘 외롭고 우울했는데 이제 부모까지 이혼해. 난 이제 어떻게 살아야 하지?'를 '지금까지의 외로움과 우울을 이겨내려 병원 치료를 시작한 나, 잘했어. 이제는 정말 부모의 자식이 아니라 성인으로서의 나로 홀로서기를 해야 할 때야. 어디서부터 시작하지?'로 바꿔 일기를 쓰는 거예요.

무과수는 '오늘 나 뭐 먹었지?'를 떠올리고 기록하는 데서 시작해보라고 합니다. 매일 하는 식사라고 대충 때우기에 급급하다면 한 끼라도, 사과 한 쪽이라도 정성껏 나를 위해 맛과 식감을 음미하며 먹어보라고 제안해요. 먹는 것 말고도 아주 사소하게는 스치는 봄바람을 느껴보고 피어나는 꽃을 만져보고 짧게 산책하는 등 작은 행동을 실천하고 기록해도 좋죠. 두 사람 모두 던이 딱 원하는 그것, 즉 긍정적인 마음으로 나를 돌보는 삶을 가꿔가는 방법을 알려주고 있어요.

어떤가요? 던이 겪어온 불행의 크기에 비해 해결책이 너무 사소해 보이나요? 하지만 모두가 원하면서도 모두가 부족하다고 하는 '자기존중감' '자기효능감' 같은 근사한 말은 아주 사소한 긍정적인 행동이 꾸준히 쌓인 결과입니다. 거기에 좋은 관계가 더해지면 더욱 좋고요.

던, 아침에 눈을 뜨면 무슨 생각이 드나요? 저는 요즘 잠을 잘 못 자서 아침마다 일어나기가 힘들고 짜증이 납니다. 출근하기도 아주 싫어요. 하지만 출근하는 지하철에서 스스로에게 말해줍니다. 아침의 기분 때문에 오늘을 망치지 말자고요. 괜히 노란 산수유나무 꽃 사진도 찍고 같은 발을 살짝 두 번 앞으로 내딛는 랄랄라 걸음도 해봅니다.

던, 던이 아직 살지 않은 날이 많습니다. 그날들은 모두 백지예요. 그러니 이미 망쳤다고 믿지 마세요. 아주 작은 좋은 행동 하나에서 시작하면 됩니다. 던을 위해 좋은 것을 선택하세요. 티끌 같은 좋은 것이 쌓이고 쌓이면 크게 행복한 사람은 안 될지 몰라도 종종 소소한 즐거움에 자주 웃는 사람이 됩니다. 던에게 응원을 보냅니다.

엄마의
비교와 평가가
괴로워요

Q 저를 늘 못마땅해하는 엄마 때문에 힘들어요

엄마는 제가 어릴 때부터 다른 친구들과 저를 비교하며 못마땅해하셨고 칭찬보다는 지적을 하셨어요. 얼마 전 어버이날을 맞이해 오랜만에 집을 방문했는데 엄마는 절 보자마자 옷차림과 체중을 지적하며 심한 말을 내뱉었어요. 원래 자존감이 낮은데 그날 엄마의 말이 트리거가 돼서 새벽 내내 혼자 울었어요. 가족들은 제가 울어도 관심 가져주지 않았고 진짜 오랜만에 죽고 싶다는 생각이 들어 너무 괴롭고 외로웠어요.

엄마는 지금도 저한테 다이어트 유튜브 채널 링크를 보내고 있어요. 저는 몸매는 상관없다고 생각해요. 날씬할 때만 조건적으로 사랑해주는 게 진짜 사랑일까요? 그리고 객관적으로 저는 뚱뚱하지 않아요. 예전에 비해 살이 쪘지만 정상체중이거든요. 심지어 엄마는 제가 날씬하고 예쁠 때도 성적, 연애, 교우 관계, 회사 등 다른 것들로 늘 비교와 지적을 했어요.

지금은 저도 엄마가 엄마의 방식으로 저를 사랑한다는

걸 알고 이해하려고 하지만 어린 시절에는 애정을 느끼지 못하며 자랐어요. 나름대로 힘듦을 표현해봤는데 저만 예민하고 이상한 취급을 받아왔죠. 제 생각을 말하면 '반항'이 되고 '사춘기'가 되고 '정신병자'가 되기도 하면서요.

우리 가족 모두 건강하고 경제적으로 큰 문제가 없고 가정에 딱히 불화도 없는데 왜 행복하게 지내지 못할까요? 어떻게 하면 제가 저를 사랑하고 가족에게 더는 상처 받지 않을 수 있을까요? 저는 행복해지고 싶어요. _멜론

어머니에게 사랑받고 싶은 마음을 내려놓고 내가 내게 사랑을 주세요

안녕하세요, 멜론. 환영합니다! 날이 더워지면 떠오르는 과일을 닉네임으로 했네요. 시원하고 달달한 멜론을 큼지막하게 썰어 접시에 예쁘게 담은 모습이 떠올라 잠시 즐거웠습니다. 멜론의 행복해지고 싶은 마음 잘 전달받았어요. 어머니와 다른 가족을 대하는 방법은 뒷부분에 설명해드릴게요. 걱정 말고 우선 멜론의 마음을 살펴보기로 해요.

고민 글을 읽어보니 혼자 지내며 외롭고 가라앉을 때가 종종 있는 것 같네요. 고민 글에는 멜론의 가족 이야기뿐이라 원인과 정도는 알 수 없지만요. 아마도 어릴 적부터 반복해서 비난하는 어머니와 그로 인한 멜론의 부정적 감정에 귀 기울이지 않는 다른 가족 사이에서 멜론은 상처는 받고 공감과 위로는 받지 못하면서 자란 것 같아요. 그게 현재의 멜론에게도 좋지 않은 영향을 주고 있고요. 멜론이 이미 알고 있는 것처럼 오랫동안 굳어진 가족 관계는 잘 변하지 않으니 멜론이 원하는 행복한 상황은 달성하기 어려울 거예요. 어머니도, 다른 가족도 그들이 원하지 않는 한 변하지 않을 테고요. 멜론의 잘못도 아니고 멜론이 할 수 있는 일도 아닙니다. 받아들일 수밖에 없죠. 어머니가 사랑을 어떻게 표현하는지는 안타깝게도 전적으로 어머니 몫입니다.

모든 아이는 부모의 무조건적인 사랑이 필요하고 그 사랑의 결핍과 좌절은 큰 상처를 남겨요. 슬픈 일이죠. 가슴 아픈 일이고요. 힘이 빠지고 눈물이 나고 마음 한구석에 메울 수 없는 구멍이 뚫린 것 같을 거예요. 이 글을 쓰는 제 마음도 아프고 안타깝고 한숨이 나오는데 당사자인 멜론의 마음은 더하겠지요. 그런데 더는 기대도 말라니 억울하고 막막할 수도 있을 것 같아요. 그래도 확실히 포기해야 합니다. 그래야 새로 시작할 수 있어요. 어머니의 사랑은 대체 가능합니다.

자존감에 영향을 주는 세 요소

자존감을 살펴보려면 먼저 자존감이 뭔지 알아야겠죠? 자존감이란 '자신을 스스로 존중하고 사랑받을 수 있다고 믿는 마음'이에요.

여기서 중요한 점은 자존감이 객관적 수치로 측정되는 게 아니라 아주 주관적인 느낌과 감정에 의해 결정된다는 거예요. 다른 사람이 아니라 내가 나를 어떻게 평가하고 판단하는지에 따라 정해지죠.

연구 결과에 따르면 자존감은 자라면서 마주하는 세 가지 환경요인에 가장 큰 영향을 받는다고 해요. 물론 자존감에 영향을 주는 요소는 이것 말고도 많지만 가장 중요한 이 세 요소를 이해할 때 변화를 위한 용기를 낼 수 있어요. 구체적으로 살펴볼까요?

첫째는 나와 같은 성별인 부모와의 비교예요. 무의식적으로 딸은 엄마, 아들은 아빠에 비해 내가 얼마나 더(혹은 덜) 성취했는지 비교한다고 해요. 대기업 취업에 성공해 조기 승진을 한 능력자라 해도 자신과 같은 성별의 엄마 혹은 아빠가 기업 사장이나 고위 임원이라면 끊임없는 비교에 시달리며 자존감을 깎아먹을 확률이 높아요.

둘째는 자기가 속한 동질 집단과의 비교예요. 초·중·고 동창 혹은 같은 동네에 사는 친구, 직장 동료와 비교하며 자존감을 형성하죠. 동질 집단에 특출나게 성공한 경우가 많거나 자신만 유별나게 뒤처진다고 느낄 때 자존감은 타격을 받을 수 있어요.

마지막으로 어렸을 때 부모에게 받은 사랑의 종류에 영향을 받을 수 있어요. 만약 부모가 '성적을 잘 받아오면' '상을 받아오면' '숙제를 다 하면' 같이 조건을 거는 방식으로 자녀를 양육했다면 부모의 의도는 그게 아니었더라도 우리 자존감에는 생채기가 날 수 있죠.

여기서 잠깐, 그 어떤 부모도 완벽한 사랑을 줄 수 없다는 점을 이야기하고 싶어요. 인간은 완벽할 수 없고, 부모 또한 불완전하고 상처받고 상처 주는 인간일 뿐이거든요. 그러니 부모에게 받은 불완전한 사랑 때문에 자존감이 낮아졌다 하더라도 너무 속상해하지 말아요.

좋은 소식은 자존감은 훈련과 노력으로 충분히 높일 수 있다는 사실이에요. 반대로 지금은 자존감이 넘치는 사람도 스트레스에 지속적으로 노출되거나 트라우마를 겪으면 자존감이 낮아질 수 있어요. 그러니 지금 내 자존감이 어떻든 자존감을 높게 유지하기 위해 꾸준히 노력하는 게 중요해요.

내 자존감과 행복의 주인은 내가 돼야 해요

가족과 거리를 두고 싶지 않은 멜론에게 가족을 대하는 법을 알려드린다고 했죠. 숙제를 낼게요. 이 숙제는 처음에는 어렵겠지만 스스로를 사랑으로 채우는 데 익숙해질수록 쉬워질 거예요. 한번 이렇게 해보세요. 어머니가 하는 말, 현재의 나를 인정하지 않고 지적하고 비난하고 변화를 요구하는 모든 말에 공감과 감사로 답하세요. "엄마는 내가 살쪄 보이는 게 걱정되나 봐. 챙겨줘서 고마워." 그렇게 대화를 끝내세요. 지적을 계속하면 "엄마 마음은 알겠어. 고마워"라고 하고 자리를 피하세요. 그리고 멜론의 즐거운 일상을, 행복한 마음을 가족이 모인 메신저나 식사 자리에서 공유하세요. 가족에 대한 그리움, 고마움 같은 긍정적인 마음과 함께요. 물론 진심일 때만요. 반응이 없거나 이상하면 마음이 상하기 전에 멈추고 물러나고요.

엄마의 비교하는 말 때문에 자존감에 생채기를 입을 수 있어요. 변하지 않을 엄마를 생각하면 막막할 수도, 영영 해결하지 못하리라는 생각이 들 수도 있고요. 하지만 내 자존감을 다시 높이고 건강하게 만들 수 있는 사람은 나임을 굳게 믿어야 해요. 내게 가장 크고 지속적인 인정을 줄 수 있는 사람은 나밖에는 없거든요.

가족들이 어떤 말과 행동을 하든 멜론은 자주 웃는 사람, 가라앉아도 편안한 사람, 다른 이의 강점을 발견하고 칭찬하고 응원하고 감사하는 사람이 되세요. 먼저는 혼자일 때, 그다음 가깝고 친밀한 사람들과 함께일 때, 나중에 가능해진다면 가족들과 함께일 때도요. 이 모든 일은 가족에게 못 받은 사랑을 내려놓고 내가 주고받고 느끼고 누리는 사랑은 온전히 멜론의 몫임을 받아들일 때 가능합니다. 언젠가는 가족도 멜론의 자기 사랑을 닮고 싶어 할지도 모르지만 그건 가족의 몫이겠죠.

타인의 인정을 갈구하며 살아가는 삶은 늘 불안하고 위태로울 수밖에 없어요. 멜론은 스스로를 인정하고 사랑하는 법을 배워야 합니다.

먼저 매일 한 가지씩 나를 칭찬해주세요. 거창한 게 아니어도 괜찮아요. '오늘 지각을 안 해서' '오늘 물을 여섯 잔이나 마셔서' '친구한테 먼저 연락해 안부를 물어봐서' 같이 일상에서 일어난 소소한 일을 칭찬하고 격려해주세요. 사랑받고 싶은 마음을 오래 참아온 내가 원하는 사랑을 줄 수 있는 사람은 나밖에 없습니다. 스스로에게 원하는 때에 원하는 방식으로 사랑을 줄 수 있도록 연습해봐요. 어머니에게 듣고 싶은 말을 스스로에게 해주세요. 말로도 하고 글로도 적어 눈에 자주 띄는 곳에 붙여두고 읽으세요. 처음에는 어색할 수도 있어요. 하지만 내게 칭찬을 해주고 나를 좋아하는 일도 연습할수록 점점 더 수월해질 거예요. 나 자신에게 내가 좋아하는 것, 좋아하는 장소, 좋아하는 시간을 홀로 그리고 함께 선물하세요. 평일과 주말, 일하든 쉬든 가리지 말고 틈틈이 자주, 충분히 길게 내몸과 마음을 살뜰히 돌보고 넉넉히 챙겨주세요. 친구나 내가 아끼고 좋아하는 사람과 사랑의 말과 행동을 주고받으세요. 스스로 행복한 순간을 만들고 음미하며 사랑으로 가득한 존재가 되세요.

두 번째로 아주 작은 성공 경험을 만들어보세요. 매일 아침 이불 정리, 책 한 쪽 읽기, 10분 산책 등 작은 성공을 만들 수 있는 방법은 정말 많아요! 이런 성공 경험이 조금씩 쌓이다 보면 나에 대한 믿음이 쌓이고 나를 사랑하고 존중하는 마음도 쌓일 수 있어요.

마지막으로 몸을 움직여보세요. 몸을 움직이면 행복감

과 긍정감을 높여주는 호르몬이 분비되고 몸과 마음도 건강해져요. 어려운 운동을 할 필요는 없어요. 10분 걷기처럼 내가 할 수 있는 가장 쉬운 것부터 시작해보는 거죠. 실제로 우울함을 호소하는 사람들에게 의사들이 가장 많이 권하는 운동도 바로 걷기랍니다.

행복을 막연하고 이상적이며 수동적인 개념으로 받아들이지 말고, 내 행복을 위해 내가 할 수 있는 아주 구체적인 목록을 만들어가세요. 시작이 어렵다면 멜론에게 맞는 몸과 마음의 회복을 돕는 심리 상담 전문가와 함께해도 좋아요. 리추얼, 독서 모임 등을 함께하며 긍정적인 에너지를 가진 사람의 말과 행동을 배우고 따라 하는 것도 좋고요. 나를 살리는 말과 행동, 사람들로 일상을 채우는 거예요. 마음이 움직여야 말과 행동이 바뀐다고들 하지만 말과 행동부터 바꾸면 마음이 움직인답니다. 서두를 필요 없어요. 지금부터 조금씩 나를 사랑하는 법을 알아가면 됩니다. 멜론의 모든 순간이 배울 기회가 돼줄 거예요. 멜론의 새로운 시작에 응원을 보냅니다.

풍요로운 자본주의 사회에서는 먹고사는 데도 돈이 필요해요. 기술의 발달로 많은 일이 편리해진 동시에 사회는 경쟁적이고 복잡해지고 있고요. '매운맛 명언'으로 잘 알려진 철학자 쇼펜하우어는 '성공하고 싶다면 욕망하고 성취하는 고통의 과정이 필요하지만, 행복하고 싶다면 그저 지금 가진 것을 즐기면 된다'라고 말해요. 당신은 성공하고 싶나요, 아니면 행복하고 싶나요? 원하지 않아도 끊임없이 연결되고 비교되는 사람들 사이에서 나는 나만의, 나를 위한 삶을 살 수 있을까요?

세상에 치여
쪼그라들어
고민하는 당신에게

번아웃으로
회사에서
도망치고 싶어요

Q 직장 생활에 지쳤는데 그만두지 못하는 제가 미워져요

11년간의 직장 생활에서 심신이 너무 지쳐 번아웃이란 결말에 도달한 것 같아요. 멘탈도 약해져서 "괜찮아" 한마디에 눈물이 펑펑 쏟아집니다.

일보다는 인간관계가 너무 지쳐요. 잘 지내던 선배는 갑자기 저를 멀리하고 입사 때부터 저를 예뻐하던 팀장님은 진급 대상인 저를 누락하고 낮은 고과를 줘서 믿는 도끼에 발등 찍히는 것 같은 기분을 느끼기도 했어요. 지금 팀장님은 저를 기계 다루듯 부리는데 이런 비인간적인 대우 때문에 번아웃이 심하게 와서 작년 초부터 1년간 우울증으로 상담과 약물치료를 받기도 했습니다.

이렇게 힘들 때마다 회사를 벗어나고 싶은데 이직의 기회도 닿지 않고 그만둘 용기도 나지 않습니다. 재취업할 수 있을까 하는 불안과 더 나은 곳으로 가지 못할 수도 있다는 걱정에 이렇게 불행한 상황에서도 퇴사 결심을 접게 됩니다.

이런 제가 너무 불쌍하면서도 자신감 없고 무능한 제 모습이 밉기도 합니다. 하는 일은 잘 맞는 편이고 연봉도 낮지 않아서 커리어가 끊기는 리스크를 안고 새로운 일을 시작하기도 망설여져요. 벗어날 수 없는 늪에 빠진 것 같고 이렇게 사는 게 맞는지, 다 비슷한 고민을 안고 사는데 나만 유난스러운지 되묻게 됩니다. 저는 어떻게 하면 좋을까요? _새벽

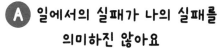

A 일에서의 실패가 나의 실패를 의미하진 않아요

새벽, 11년 직장 생활의 끝에서 너무 지쳐 있군요. 무엇보다 사내 선배, 상사들과의 관계가 너무 힘들고 최근 1년은 우울증 치료를 받았고요. 이직은 어렵고 퇴사는 불안하고 자신감은 떨어지고 점점 벗어날 수 없는 늪에 빠지고 있다고 느끼고 있군요. 막막할 수밖에 없죠. 상황이 더 나빠질 것만 같고요.

나 자신에 대해, 나를 둘러싼 세상에 대해, 내 미래에 대해 계속 부정적으로만 생각하게 되는 것은 우울증의 대표적 증상입니다. 고민 글에서 치료를 받은 일이 과거형으로 적혀 있어 걱정이 앞서네요. 임의로 치료를 중단한 건 아닌가요? 효과가 별로인 것 같거나 약물에 내성이 생기거나 장기 복용하는 게 두려워 상담과 치료를 그만두는 경우가 있지만 새벽에게 다른 대안이 있는 게 아니라면 꼭 다시 시작하길 바랍니다.

현재 새벽의 마음으로 돌아와 지금 이 글을 읽고 있는

곳이 편안하고 안전한 장소라면 일단 크게 숨쉬기부터 같이 해보고 싶어요. 푹신한 소파에 누워 쿠션을 안고 해도 좋고 잠자리에 누워 두 손을 배에 올리고 해도 좋아요. 가장 편안한 자세를 잡고 스—읍 숨을 깊이 들이마시고 후우— 천천히 끝까지 내쉬세요. 조금 멍해지고 몸이 풀어지고 마음이 먹먹해질 때까지 여러 번 반복하세요. 내 몸에서 느껴지는 감각이 있다면 느껴보세요. 눈 주위가 뻑뻑하거나 명치 부분이 답답하거나 손이나 발이 저릿하거나 그 밖의 다른 불편한 점이 있을 수도 있고요. 그저 호흡에 따라 오르락내리락하는 배를 느낄 수도 있어요. 이 책을 읽느라 못했다면 잠시 멈추고 해보세요.

조금이라도 경직된 근육이 이완되고 긴장이 풀어지고 불안이 가라앉은 게 느껴지나요? 그럼 됐습니다. 자, 이제 제 질문에 대답해주세요. 지금 이대로 이번 주를, 이번 달을, 1년을 살(버틸) 수 있나요? 그리고 앞으로 수년이 넘는 삶을 새벽이 지금 있는 그곳에서, 그 사람들과 보내길 원하나요? 두 질문 모두에 답이 "예"라면 치료를 재개하고 장기적으로 일 외의 삶에서 에너지를 회복하며 즐거움을 찾아가는 방법을 배워야 해요.

번아웃은 어디서 올까요?

반대로 "아니요"라면 변화가 필요합니다. 규모가 큰 회사인 경우 부적응자라는 낙인 효과를 감당하고서라도 부서이동, 마음 건강 휴직 등을 하길 권하고 싶어요. 가능하다면 지금까지 버티며 관리해온 커리어의 전부가 아니라 일부를 내려놓는 선택지를 고려해보세요. 사실 이직이 아닌 퇴사도 새벽의 커리어 전부를 내려놓는 선택은 아닙니다. 대우가 좋은 회사에 들어갈 만큼 잘 맞는 일을 잘하는 새벽의 능력은 수개월이나 1년 정도 공백을 겪는다고 해서 완전히 0이 되지 않습니다. 비슷한 말을 반복해서 하는 이유는 내 정체성을 '일하며 발전시킨 능력'에 초점을 맞추기보다 특정 직업이나 속한 회사, 조직 내에서의 평가, 직급 등으로 오해하는 경우가 많기 때문이에요.

아마 알면서도 쉽게 내려놓기 힘들 거예요. 새벽이 경험하고 있는 번아웃은 사실 자신이 하는 일에 열정을 갖고 열심히 노력한 사람에게 찾아오는 증상이니까요. 하는 일도 잘 맞는 편이라고 했으니 일에서 만족감을 느끼고 재미를 느꼈던 순간도 많을 것 같아요. 지금 여기서 그만두면 지금까지 쌓아온 게 다 무너져버릴 것 같고, 다들 이만큼 힘들게 사는데 나만 괜히 유난 떤다고 자책하게 되고, 그렇게 힘든데도 아무 변화도 만들지 못한 채 번아웃이 점점 심해져가는 거죠.

특히 우리는 어려서부터 직업이라는 틀 안에서 어떤 사람이 돼야 하는지 고민해요. "넌 커서 뭐가 되고 싶니?"라는 질문에 명사형 직업으로 답하는 데 익숙하니까요. 사람들을 기쁘게 해주는 사람, 맛있는 요리를 하는 사람, 하고 싶은 일을 최대한 해보는 사람 등 다양한 경우의 수가 있음에도 어떤 직업을 가져야 하는지만 고민하고 그 직업을 가져야 성공한다고 주입받으며 살아가죠. 그러니 일을 내려놓고 자신을 선택하는 게 더 힘들 수 있어요.

《열정 절벽》의 저자 미야 토쿠미츠Miya Tokumitsu는 '내가 좋아하는 일을 한다면 성공과 부는 물론 만족감과 행복을 느낄 수 있다'라는 생각은 '자본주의 사회가 만들어낸 거대한 환상이자 잘못된 신념'이라고 이야기해요. 이런 신념은 좋아하는 일을 찾지 못했거나 현실 문제로 좋아하지 않은 일을 하며 살아가는 많은 사람으로 하여금 삶의 뭔가가 채워지지 않았다는 결핍감을 느끼게 해요. 아울러 좋아하는 일을 하면 언젠가는 결과를 보상받고 자아를 실현할 수 있다는 믿음은 누가 시키지 않았는데도 자기 자신을 착취하고 번아웃에 이르게끔 만드는 주요 원인이기도 하죠.

사실 일이 이렇게 중요한 지위를 얻게 된 역사는 그리 길지 않아요. 사회학자 막스 베버Max Weber는 《프로테스탄트 윤리와 자본주의 정신》에서 '17세기 청교도 신학자와 성직자가 노동에 가치를 부여하기 시작했다'라고 이야기해요. 청교도들은 사도 바울의 "일하지 않는 자 먹지도 말라"라는 말을 근거로 일생 동안 직업을 갖고 일을 하는 게 곧 하나님의 뜻에 따르는 삶이라고 설교하며 노동의 중요성을 강조했어요. 또 그 직업으로 성공해 부를 축적했다는 건 하나님의 축복을 받았다는 뜻이기에 곧 구원의 표지가될 수 있다고 이야기하며 일로써 부를 일구는 삶이야말로 가치 있다는 신념을 널리 전파했죠.

청교도 정신이 생겨난 지도 이미 수백 년이 흘렀고 현대사회에서 종교의 영향력은 느슨해졌지만 청교도 정신으로 태어난 직업과 성공에 대한 신념은 우리 마음 깊은 곳에 여전히 새겨져 있어요. 21세기인 지금도 우리는 여전히 열심히 일하며 사는 게 옳은 삶이고 커리어를 잘 관리하고 내게 맞는 일을 하는 삶이 성공한 삶이라고 생각하니까요.

일 너머 더 큰 내가 있음을 기억해요

물론 좋아하는 일을 하면서 원하는 만큼 돈을 벌 수 있다면 더할 나위 없이 좋겠죠. 하지만 좋아하는 일을 한다고 자아를 실현한 것도 아니고 일을 잠시 쉰다고 인생이 실패한 것도 아니라는 점을 이해하는 게 중요해요. 우리는 직업이나 하는 일로 단편적으로 정의될 수 있는 존재가 아니니까요.

내 직업이나 내가 하는 일은 나를 설명할 수 있는 수많은 수식어 중 하나일 뿐이라는 사실을 잊지 마세요. 진정한 자기실현이란 좋아하는 일을 하는 게 아니라 직업이나 사회적 역할처럼 내게 부여된 다양한 역할 너머에 존재하는 내 본질을 찾아가는 과정에 더 가까우니까요.

유명한 역사 속 인물들도 직업적, 사회적 성공의 틀을 벗어난 삶을 살았어요. 붓다는 깨달음을 위해 왕세자의 지위를 버리고 구도자의 삶을 선택하며 평생 보시로 의식주를 해결하며 살아갔고요, 니체는 일찍이 교수를 그만두고 지금으로 치면 실업자인 상태로 유럽을 유랑하며 자신의 철학을 발전시켰어요. 직업으로 따지면 이들은 무직자 혹은 실업자로 분류될 테지만 우리는 이들이 자기에게 부여된 역할을 뛰어넘어 진정으로 자신을 실현하는 삶을 살았음을 알고 있죠.

그럼 우리는 어떤 방법으로 자기를 실현해나갈 수 있을까요? 모든 인간에게는 자기실현 가능성이 있다고 한 심리학자 에이브러햄 매슬로Abraham Maslow는 '자기를 실현하는 사람은 오히려 세상 기준이 아닌 자기 기준으로 자신의 삶을 살아가는 창조력을 발휘할 수 있는 사람'이라고 이야기해요. 그가 말한 자기를 실현하는 사람의 특징에 커리어를 잘 쌓거나 더 유명해지거나 부자가 되거나 더 열심히 일해 동료에게 인정받아야 한다는 내용은 없어요.

새벽은 번아웃과 회사 내 인간관계가 고민이라고 이야기했는데 우리가 일을 중요하게 여기게 된 과정을 길게 이야기하는 까닭은 번아웃을 진정으로 극복하기 위해서는 우리가 일에 부여하는 무게감을 덜어내야 하기 때문이에

요. 일은 인생의 한 부분일 뿐 우리 인생의 전부가 돼 행복
을 좌지우지할 수 없거든요. 일의 힘을 빼지 않으면 이직
을 하더라도 또 다시 비슷한 상황과 비슷한 문제에 부딪힐
수 있어요.

꽉 쥔 주먹에 힘을 빼고 나를 친절하게 대해주세요

새벽, 꽉 쥔 주먹에 힘을 빼고 손바닥을 펴길 바라요. 다른
사람이 어떻든, 뭐라 하든 새벽의 몸과 마음이 너무 지치
고 아프잖아요. 그리고 새벽은 절벽이나 막다른 골목으로
내몰린 게 아닙니다. 아주 오래 달려야 하는 인생이라는
여정의 한 부분에서 넘어진 거예요. 11년간의 직장 생활이
최종 실패로 끝난 게 아니라 그 가치 있는 경험의 부산물
중 하나인 상처로 일시적인 쉼과 회복이 필요한 상태가 된
거예요. 뜬금없지만 새벽이 제 친구라면, 제 가족이라면
무슨 말을 해주고 싶을까 생각해봤어요.

"새벽, 오랜 기간 수고한 자신에게 긴 휴가를 선물해줘.
차곡차곡 모아둔 돈이 있다면 훌쩍 타국으로 떠나도 좋고

휴대폰도, 노트북도 없는 홀가분한 자연인으로 살아봐도 좋겠다. 오래 미뤄왔던 우정과 사랑이 있다면 그들과 진한 만남을 가져도 좋겠지. 아니다, 가장 소중한 건 나니까 이건 당연하고 다른 것도 모두 다 해줘야지. 리스트로 만들어 하나씩 지워가며 다 해. 원하는 만큼 아무것도 안 해도 될 자유도 줘야겠지. 내 몸과 마음이 힘들다고 더는 못 하겠다고 지르는 비명을 더는 모른 척하지 말고, 앞으로 30년, 40년 함께 살아야 할 나를 위한 휴식과 회복의 시간을 아까워 말고, 미안한 만큼 고마운 만큼 잘해줘. 적어도 나만큼은 나 자신에게 그런 친구가 돼줘."

새벽의 삶이니 이 말을 얼마나 받아들일지 선택하는 것도 새벽의 몫이겠죠. 부디 새벽을 위한 선택을 하길 바랍니다. 무엇이 나를 위한 선택인지 아무리 생각해도 모를 때는 그저 사랑을, 평화를 선택하길 부탁합니다. 응원하는 마음 보냅니다. 꼭 안녕하길 바라요.

19

돈 때문에
괴롭고 힘이 들어요

Q 돈 때문에 놓쳐버린 행복이 저를 힘들게 해요

24세 대학생입니다. 저는 집안 형편이 좋지 않아요. 부모님은 이혼하셨고 어머니 혼자 저와 오빠 뒷바라지를 위해 새벽부터 밤까지 주 6일을 뼈 빠지게 일하세요. 이런 가정 형편에서 빨리 철이 들어버린 저는 대학 등록금이나 생활비를 어머니께 지원받는 게 미안하고 저 때문에 어머니가 고생하시는 것 같아 죄송할 따름이에요.

그래서 올해 휴학하고 인턴을 하며 생활비를 벌고 저축도 해 제 나름대로 어머니의 수고를 덜어드리려 해왔는데 인턴 계약이 끝났어요. 수입이 없는데 돈을 쓰니 모든 게 마냥 죄스럽습니다. 사고 싶은 것도 마음껏 사고 해외여행도 서슴없이 다니는 잘사는 지인을 보며 부러움과 자격지심을 느끼는 날도 있습니다. 남과 비교하지 말자고 다짐해도 쉽지 않습니다. 돈이 1순위는 아니지만 돈 때문에 놓쳐버리는 행복과 안정이 괴롭습니다. 이러면 안 된다는 걸 아는데 괜히 부모님을 원망할 때도 있습니다. _호이

때때로 비교하겠지만 그 마음을 동력 삼아 나만의 행복을 만들어가세요

반갑습니다, 호이. 호이는 지금 선택의 여지가 없는 가난한 형편을 감당하고 있네요. 내가 선택하지 않은 것에 의한 고통은 내가 선택한 고통보다 훨씬 더 우리 심정을 복잡하게 합니다. 긴 세월 홀로 두 자녀를 키운 어머니의 고생도 말로 다 표현하기 어렵겠지만 어린 마음에도 원하는 걸 표현하기보다 숨기고 포기해야 했던 어린이, 청소년이었던 호이도 얼마나 마음고생이 많았을까요. "고통스러운" "미안한" "죄송한" "죄스러운" "원망하는" "부러운" "자격지심을 느끼는" "괴로운"… 호이가 적은 이 마음들은 얼마나 켜켜이 쌓인 아픈 경험으로 호이를 힘들게 해왔을까요. 답변을 쓰면서도 한숨이 나오고 마음이 아픕니다.

그러니 가장 먼저 자꾸만 떠오르는 생각, 계속 밀려오는 감정이 아무리 부정적이고 아프고 부질없더라도 허용해주세요. 이런 생각을 하고 이런 감정을 느끼는 나를 한 번 더 책망하지 마세요. 혹시 그동안 최신 스마트폰처럼

값비싼 전자 기기를 갖고 싶은 마음이나 시작하는 데 돈이 많이 드는 겨울 스포츠나 비싼 음식과 옷, 자유로이 떠나는 해외여행 등을 원하는 마음을 느낄 때 스스로를 비난하거나 억압해왔나요? 지금 할 수 없고 가질 수 없더라도 그것을 원하는 마음만은 그대로 인정해주세요. 어머니에 대한 감사하고도 미안한 감정만큼 원망하고 밉고 화나는 내 마음을 그대로 느껴주세요. 그렇게 생각해도 괜찮다고 말해주세요. 할 수 있다면 그 생각과 감정을 적으며 정리해보세요.

힘든 상황을 이겨낼 작은 사치를 허용해주세요

성경에는 "긍휼히 여기는 자는 복이 있나니 그들이 긍휼히 여김을 받을 것이다"라는 구절이 있어요. 예수의 산상수훈에 나오는 팔복 중 하나인데요, 여기서 '긍휼'이란 불쌍하고 가엽다는 뜻이에요. 호이는 이 말을 자신에게 붙일 수 있나요? '불쌍하고 가여운 우리 엄마'처럼 '불쌍하고 가여운 나'라고요. 슬픈 마음이 들 수도, 반감이 들 수도 있어요. 하지만 엄마에 대한 표현에는 좀 더 동의하지 않나요? 누군가 호이 같은 상황에서 10대, 20대를 보내고 있는 모습을 호이가 본다면 그런 안타까운 마음이 들지 않을까요? 불쌍하다는 말은 내가 그보다 낫다는 우월한 마음에서 나오는 거라 함부로 품거나 표현하면 안 된다고들 하는데요, 그렇지 않은 경우도 있어요. 어떤 사람이 고민 하나 없고, 어떤 인생이 조금도 고단하지 않을까요. 어떤 사람이 호이 같은 상황에서 슬픔과 무력감과 괴로움 없이 살 수 있을까요. 그러니 호이, 혹시 자신을 긍휼히 여겨줄 수 있나요?

어머니의 수고를 덜어드리려 애쓰는 호이의 마음이 참 대단하고 아름답습니다. 호이는 어머니를 아끼고 사랑하네요. 진심으로 긍휼히 여기고 있어요. 어머니를 대하듯 호이를 대해주세요. 힘들어하는 호이에게 그래도 괜찮다고, 너니까 이만큼 해내고 있다고 말해주세요. 그리고 숨통을 틔워주세요. '지금이 어떤 상황인데 이래? 너 미쳤어? 이럴 시간 없어. 이러면 안 돼!' 불쑥 솟아나는 비난과 죄책감을 달래고 스스로에게 작은 쉼을, 작은 사치를 허용해주세요. 어쩔 수 없이 현실은 금방 나아지지 않을 거잖아요. 어두운 밤이 길수록 그 시간을 잘 견디기 위해 작은 별빛 같은 시간이 필요합니다. 호이가 형편 때문에 미루기만 했던 바람을 지금 내가 할 수 있는 소박한 형태로 이뤄주세요.

부러움과 자격지심을 성장 원료로 사용해봐요

돈 때문에 놓쳐버리는 행복과 안정이 부럽다고, 괴롭고 잘사는 지인을 보면 자격지심을 느낀다고 했죠? 살면서 단한 번도 부러움을 느끼지 않은 사람은 없을 거예요. 그만큼 부러움은 인간이라면 당연히 느낄 수밖에 없는 자연스러운 감정이에요.

사실 부러움은 내가 어떤 사람인지 알 수 있는 아주 좋은 원료를 제공해요. 잘생기고 돈도 많고 인기도 많은 성공한 사업가가 있다고 가정해볼까요? 내가 외모에 열등감이 있다면 그 사람의 잘생긴 외모에 부러움을 느끼겠지만, 돈에 열등감이 있다면 그의 재력에 부러움을 느끼고, 인기에 열등감이 있다면 그의 뛰어난 말솜씨와 인기에 부러움을 느낄 거예요. 이렇듯 우리가 부러워하는 부분은 뭔지, 어떤 부러움에 가장 크게 반응하는지 세심하게 관찰하면 내 욕구와 재능, 진짜 중요하게 생각하는 가치를 알 수 있어요.

지금 호이가 느끼는 부러움을 나쁘게만 생각해서 없앨 필요는 없어요. 부러움은 성장의 좋은 원동력이 돼줄 수 있으니까요. 내가 좀 더 노력하고 성장하게 동기를 부여해주고 내가 나아갈 방향의 좋은 기준이 돼줄 수 있어요. 우리가 조심해야 할 일은 부러움이 열등감으로 바뀌는 거예요. 열등감은 내 욕구를 솔직하게 보지 못하게 해요. 사실은 정말 원하지만 관심 없는 척하며 자신을 속이게 되죠. 돈이 없어도 충분히 잘 살 수 있다는 식으로 내 진짜 욕망을 직면하지 않고 다양한 방법으로 회피해버려요. 이렇게 회피하며 열등감을 제대로 인지하지 못하면 계속 더 깊은 열등감의 굴레로 빠져들 수밖에 없어요.

열등감은 객관적 사실과는 관계가 없어요. 남과 나를 끊임없이 비교하며 있는 그대로 내 모습으로는 받아들여질 수 없다는 심리에서 생겨나기 때문이죠. 열등감을 느끼는 사람은 나만의 뚜렷한 기준 없이 모든 것을 타인과의 비교를 통해 판단해요. 나보다 잘난 사람과 나를 비교하며 더 잘나지 못한 자신을 비난하고 남보다 우월함을 드러내고 인정받기 위해 내가 아닌 타인의 기준에 자신을 맞추죠. 호이가 나보다 더 잘사는 지인을 보며 부러워하는 건 자연스러운 욕구기 때문에 이를 부정하거나 그런 감정을 느끼는 자신을 비난할 필요가 없어요. 오히려 욕구를 있는 그대로 인정하고 솔직하게 부럽다고 말하는 호이의 모습이 건강해 보여요. 다만 부러움을 성장의 원동력으로 삼기 위해 나만의 명확한 기준을 만들어가는 게 중요해요.

정신적 자유를 추구하세요

요즘 어떻게 하면 규모 있게 돈을 벌고 모을 수 있는지 이야기하는 사람들은 많으니 저는 조금 다른 이야기를 해보려 해요. 바로 정신적 자유 이야기예요. 정신적 자유란 사회의 전통이나 다수의 말에 흔들리지 않는, 나만의 명확한 가치관을 갖는 일이에요. 정신적 자유는 경제적 자유를 찾는 것만큼이나 중요해요. 내 행복을 위해 진정으로 필요한 게 뭔지 알아야 나를 자유롭게 할 경제적 규모를 알 수 있고 내게 맞는 행복을 추구하며 살 수 있으니까요. 정신적 자유 없이 경제적 자유만 추구한다면 우리는 결코 만족과 행복을 얻을 수 없어요.

사실 돈 많고 인기 많고 똑똑한 사람에게 부러움을 느끼는 이유는 그 사람이 가진 것 때문이 아니라 그것들로 인해 그 사람이 나보다 더 행복하리라 가정하기 때문이에요. 그래서 나를 행복하게 하는 나만의 명확한 기준을 세우는 게 무엇보다 중요하죠. 우리가 돈으로 얻고자 하는 건 돈 그 자체가 아니라 더 좋은 삶이에요. 하지만 더 좋은 삶은 더 큰돈이 있을 때가 아니라 내가 언제 행복한지 잘 알고 돈과 건강하게 관계 맺으며 좋은 친구가 될 수 있을 때 찾아와요.

일주일에 한 번은 스파에 가고 서너 번은 비싼 레스토랑에서 식사를 하고 매주 골프 라운딩을 해야 행복하다고 느끼는 사람은 독서와 명상 그리고 산책을 할 때 행복을 느끼는 사람에 비해서 훨씬 더 많은 돈이 필요해요. 옳고 그름은 없어요. 인간은 모두 다르기 때문에 각자 가치관과 취향이 다른 것도 당연하니까요.

먼저 일상의 작은 것들을 관찰해봐요. 나는 하루 중 언제 가장 기분이 좋은지, 나를 행복하게 하는 게 뭔지, 내게 가장 큰 만족을 주는 건 뭔지 매일의 일상을 통해 차곡차곡 정보를 쌓아가보는 거죠. 그러다 보면 다른 사람의 기준이 아닌 내 기준이 조금씩 명확해지고 나를 행복하게 해주는 것도 더 선명해질 수 있어요. 그 기준을 바탕으로 호이의 행복을 쌓아나가세요. 물론 때때로 비교와 열등감이 다시 고개를 들지도 몰라요. 그럴 때도 나를 진짜 행복하게 해주는 게 뭔지 상기해보세요. 그리고 호이의 길을 묵묵히 걸어가세요.

자본의 결핍이 주는 크고 지속적인 고통에 제가 보탤 수 있는 건 이 글뿐이네요. 하지만 호이의 상황이 나아지길 진심으로 바라요. 점점 편안하고 자유롭고 풍요로워지길 기도해요. 그리고 그 과정에서 사랑하는 이들, 작은 기쁨과 감사의 순간을 놓치지 않길 부탁해요. 그럼 안녕히.

항상 남들보다
뒤처지는 것 같아요

Q 잘하고 싶은데 왜 늘 제자리 같을까요?

권고사직을 당한 후 아직 재취업을 못하고 있어요. 이렇다할 경력도 없고 저도 제가 부족하다고 여겨 따로 공부도 하고 있지만 불러주는 곳은 없네요. 나이도 점점 많아지는데 정말 하고 싶은 일은 경력직을 원하고 내가 뭘 잘할 수 있을지 고민이에요.

대학원을 다닐 때 등록금 때문에 학습지 교사 일을 했는데 일이 힘들었고 부당함도 느꼈어요. 그때 에너지를 소진했는지 그렇게 부당한 일이나 하기 싫은 일은 하고 싶지가 않아요.

저도 잘하고 싶고 뭔가를 해내고 싶은데 항상 뒤처지거나 제자리에 있는 느낌이에요. 나이도 서른네 살이라 너무 많다고 느껴지고⋯ 저 어떻게 해야 할까요? _안개

살아온 날보다 살아갈 날이 더 많습니다

안개의 사연을 읽으며 재취업에 어려움을 겪고 있는 상황이 계속되면서 막막하고 힘이 빠져 있구나 싶었어요. 안개가 뭘 전공했는지, 어떤 직장을 다녔는지, 경제 상황이 어느 정도인지 같은 정보가 없어서 어떻게 도움을 줄 수 있을지 막연하지만 최선을 다해볼게요.

안개는 이제 서른네 살이군요. 20대 후반에 사회생활을 시작했다고 치면 7~8년 정도 해왔고요. 아마 60~70세까지 일해야 할 테니 30년 정도 더 일하겠네요.

뜬금없이 나이 이야기를 꺼낸 이유는 그만큼 긴긴 시간이 안개 앞에 있다고 알려주고 싶어서예요. 우리는 우리가 생각하는 것보다 더 젊습니다. 갈수록 길어지는 인생 전체를 고려하면 뭔가를 시작하고 행동할 시간은 차고 넘칩니다. 나이에 갇혀 있기엔 우리에게 너무 많은 시간이 남아있어요. 그렇기 때문에 주어진 시간을 더 주체적으로 사용하고 가치 있는 삶을 만들어가야 합니다.

"나잇값 못한다"라는 소리 들어본 적 있나요? 그 '나잇

값'이 뭘 뜻하는지 한번 생각해보면 사실 사회에서 개인에게 기대하는 편견인 경우가 많아요. 시대는 이미 빠르게 변하고 있고 개인은 저마다 다양한 삶을 사는데, 20대에는 취직을 해야 하고 30대가 되면 결혼을 해야 하고 결혼을 했으면 아이를 가져야 한다는, 즉 '이때는 꼭 이걸 해야 해'라는 사회적 규범은 그 규범 밖에 사는 우리에게 무기력함을 느끼게 해요.

이제는 자기만의 기준을 세워야 해요. 남들 기준이 아니라 내 기준 말이에요. 우리 모두 알고 있듯이 인간의 기대수명은 점점 늘고 있습니다. 이제 100세까지 산다고 해도 아무도 놀라지 않죠. 영국 칼럼니스트 카밀라 카벤디시Camilla Cavendish는 《당신의 나이는 당신이 아니다》에서 인간의 수명이 늘어나면서 누구나 '인생의 엑스트라 타임extra time'을 얻게 됐는데 각자 가진 나이에 대한 편견에 따라 엑스트라 타임의 양과 질이 달라진다고 말해요. 누구는 50세가 되면 '나 너무 늙었어'라고 생각하지만 누구는 '우아, 이제 또 다른 시작이야'라고 생각하며 새로운 도전을 할 타이밍으로 삼는 경우도 많죠.

우리는 우리가 생각하는 것보다 더 젊어요

안개 생각에 서른넷은 너무 많은 나이, 뒤처진 나이 같을 수 있지만 생각만 전환한다면 뭐든 할 수 있는 나이, 새로운 도전을 시작하는 나이, 바닥부터 시작해도 늦지 않은 나이가 될 수 있어요. 나이가 많아서 하고 싶은데 못하고 있는 일이 있다면 종이에 적어보세요. 그리고 인터넷에서 조금만 검색해보세요. 생각보다 훨씬 더 많은 사람이 나이와 상관없이 자신이 하고 싶은 것을 하고 도전하며 산다는 사실을 발견할 수 있을 거예요.

언젠가 TV 프로그램 〈유 퀴즈 온 더 블록〉에 86세 김영달 씨가 소개됐습니다. 이 할아버지는 나이에 편견이 없는, 엑스트라 타임을 잘 보내고 있는 사람의 좋은 예시였어요. 아침에 일어나 젊은 사람도 하기 힘든 플랭크를 7분씩이나 하고 22층 계단을 오르고 1만 보를 걷고 책 읽기와 외국어 공부를 하루도 빠짐없이 한다고 했죠. 이 모든 게 너무 재밌고 아직도 배울 게 더 많다고 이야기하는 김영달 할아버지. 가장 중요한 건 '배운다는 정신'이라고 말하는 그의 모습을 보며 많은 사람이 머리를 댕 맞는 기분이었을 거예요.

김영달 할아버지뿐만 아니라 75세에 아카데미 여우조연상을 수상한 영화배우 윤여정, 69세 패션 유튜버 밀라논나, 구글과 유튜브 등 글로벌 기업의 CEO들이 찾는 72세 유튜버 박막례 할머니 같은 사람들에게 우리가 열광하는 이유는 나이에 한계를 짓지 않고 자신만의 삶을 만들어나가는 모습을 보여주기 때문 아닐까요?

적어도 나만은 내 편이 돼주세요

지금 안개에게 정신 차리라고, 약한 소리 말라고 하고 싶지 않아요. 전혀요. 비정하고 슬픈 세상에서 고단한 하루를 사는 동료 여행자로서 그저 "고생이 참 많아요"라고 말하고 싶어요.

여전히 답답하고 아무것도 해결되지 않은 상황이라도 지금은, 오늘만은 그저 따듯한 물에 몸을 녹이고 좋아하는 책이나 영화를 보며 잠시 시름은 잊은 채 지친 몸과 마음을 다독여주길요. '내가 뭘 잘했다고 나를 챙겨?' 하는 마음이 들 수도 있겠지만 사실 잘하고 있을 때보다 잘하고 싶은데 그러지 못하고 있을 때 더욱 위로와 돌봄이 필요하잖아요. 그러니 안개에게 가장 편안하고 다정한 방식으로 깊은 휴식 시간을 만들어주세요.

그리고 조금은 다른 시작을 권해요. 지금 안개가 원하는 시작은 무엇인가요? 어떤 분야의 일인가요? 전일제 계약직 아니면 정규직인가요? 사무직인가요, 전문직인가요? 지금 내가 원하는 일(목표)이 내가 하는 노력(행동)으로 이뤄지지 않고 있다면 목표와 행동 중 하나 이상을 바꿀 필요가 있어요.

지금 안개가 더 애쓰기 어렵다면 다른 분야로 방향을 바꿔 새로 뭔가를 배우거나 가장 기초적인 일부터 하거나 아르바이트나 시간제 근무 등으로 목표를 낮출 수도 있어요. 직접적인 경제활동이 아니어도 좋고요. 수입이 바로 필요하다면 학력을 살려 아르바이트를 해도 되겠죠. 하나의 일이 아니라 여러 개의 일을 할 수도 있고요. 지치기보다는 작지만 가능한 형태의 출발을 하면 어떨까 싶어요.

안개, 살아온 날보다 살아갈 날이 더 많은 안개. 결국 막막함 가운데 주어진 하루를 살아낼 수밖에 없는 안개. 자신을 잘 데리고 살아주세요. 우리 못하면 '괜찮다 다시 해보자', 잘하면 '잘했다 수고했다' 달래주며 지금 할 수 있는 만큼을 해요. 언젠가 좋은 날이 올지 어떨지 모르지만 감사한 순간, 작은 기쁨, 사랑하는 사람과 함께 오늘을 살아가요. 저는 그렇게 살려고 애쓰고 있어요. 이 글이 안개에게 작은 위로와 용기를 줄 수 있길 바라요. 꼭 남은 인생 내내 어떤 일이 있어도 끝까지 안개는 안개 편이 돼주세요. 멀리서 응원을 보냅니다. 평안하길.

새로운 일이
더 이상
즐겁지 않아요

Q 새로운 일이 적성에 맞지 않아 힘들어요

최근 기회가 생겨 잘 모르는 분야의 일을 시작했습니다. 처음에는 새로운 곳에서 처음 해보는 일에 적응하느라 힘들다고 생각했어요. 하지만 일을 하면 할수록, 배우면 배울수록, 모르는 게 많아서 힘든 게 아니라 일 자체가 저와 맞지 않는다는 생각이 듭니다.

예전에는 새로운 걸 배울 때 즐거웠는데 지금은 전혀 즐겁지 않아요. 어딜 가도, 뭘 해도 처음엔 다 힘들고 똑같은데 저만 유난 떠는 거 같고 제가 마음이 나약해서 이런가 싶어요. _잎새

충분한 시간을 들여 일의 의미를 생각해봐요

새로운 일에 확신이 없고 새로운 걸 배우는 즐거움도 없이 현재 상황이 답답하고 힘들다는 이야기를 들으니 잎새의 마음이 얼마나 지쳐 있을지 느껴집니다. 한편으로는 잘 모르는 분야지만 '기회가 왔으니 경험해보자'라는 결단으로 용감하게 시작하는 잎새도 함께 그려져요. 지금은 자신을 한심하게 여길 만큼 움츠러들어 있지만 사실은 에너지도 호기심도 많은 사람이구나 싶어요.

고민 글에는 드러나지 않은 잎새의 구체적인 사연이 더 궁금해져요. 전에 주로 한 공부는 뭔지, 어떤 일과 관계에서 즐거움을 얻는 사람이었을지, 과거 경험 중 재미와 성취 모두 얻은 일은 뭐였는지, 둘 중 하나만 얻거나 모두 얻지 못했던 경험은 있는지, 지금 하는 일은 어떤 일인지, 일한 지는 얼마나 됐는지, 힘들 때 도움을 청하는 성격인지, 일을 시작하며 사는 장소, 생활 패턴 등 주변 환경은 어떻게 변했는지, 일에서의 스트레스가 퇴근하면서는 잊히는지, 잘 먹고 잘 자고 있는지, 건강은 괜찮은지….

지금 잎새는 일로 인한 고민이 가득 찬 시기인 것 같아요. 사실 일에 대해 한 가지 정답은 없어요. 우리의 기질과 재능, 성격에 따라 각자 생각하는 일의 의미도, 하고 싶은 일도, 일을 대하는 태도도 모두 다르거든요. 그러니 정답을 찾으려 하지 말고 내게 집중하며 잎새의 현재를 구체적이고 정확하게 탐색해보길 바라요. 어떤 방향으로 나아가든 나로부터 시작해야 하니까요.

내게 일은 어떤 의미가 있나요?

가치관과 속한 조직, 경험에 따라 일의 의미는 다를 수 있어요. 누군가에게 일은 생계를 위한 노동이자 저주가 될 수도 있고 내 시간을 파는 상품이 될 수도 있어요. 또 다른 누군가에게 일은 사회 봉사이자 자기실현 혹은 정체성이 될 수도 있죠.

중요한 건 내 관점에 따라서 일을 대하는 태도는 물론이고 일의 경험이 달라진다는 점이에요. 일을 어쩔 수 없이 해야 하는 것, 나를 구속하는 것이라 생각한다면 일에서 만족을 얻기가 어려워요. 짜릿한 재미와 기쁨, 성취감을 느끼는 일만이 가치 있는 일이라는 생각 역시 일의 다양한 속성을 고려하지 않은 위험한 생각이 될 수 있죠. 잎새에게 일은 어떤 의미인가요? 일이 곧 삶이라고 생각하나요? 아니면 일을 통해 새로운 것을 배워야 한다고 생각하나요? 재미를 느끼는 일을 해야 한다고 생각하나요? 내가 일에 어떤 의미를 두고 있는지, 일이 내 삶에서 어떤 의미가 있는지 적어보세요. 일에 대한 관점은 고민을 해결하는 좋은 시작점이 돼줄 수 있어요.

내가 진정으로 하고 싶은 일은 무엇인가요?

다음으로 내가 하고 싶은 일, 좋아하는 일을 생각해봐요. 내가 하고 싶은 일이 뭔지 잘 모르겠다면 내가 하고 싶지 않은 일이 뭔지 생각해보는 것도 좋아요. 우리는 때때로 내가 뭘 하고 싶은지보다 뭘 하고 싶지 않은지 더 빨리 알게 되거든요. 경영 사상가이자 작가인 찰스 핸디Charles Handy는 90이 넘는 나이에도 활발하게 활동하는 세계적인 비즈니스 구루예요. 그는 대학을 졸업하고 셸Shell에서 꽤 오래 일했는데 셸에 입사한 가장 큰 이유는 안정적인 월급이었고 셸에서의 생활이 잘 맞지 않았어요. 하지만 핸디는 그 경험으로 자신이 하고 싶지 않은 일이 뭔지 명확히 알게 됐고 '인생에 정해진 모범답안 같은 것은 없다는 사실을 깨달았다'라고 이야기해요. 일단 행동하고 경험하고 질문하고 다시 행동하는 과정으로 자신이 어떤 사람이며 뭘할지 알 수 있었다고요.

우리는 좋아하는 일을 하라고 쉽게 이야기하지만 사실 자신이 진정으로 누구이고 뭘 원하는지 깨닫기까지는 오랜 시간이 걸려요. 그러니 지금 하는 일이 나와 잘 맞지 않는다고, 즐겁지 않다고 실망할 필요는 없어요. 대신 나에 대한 정보를 하나씩 모아가세요.

좋아하는 일을 위해 싫어하는 일을 견딜 수 있나요?

내가 좋아하는 일을 찾았다고 해도 때때로 현실적인 이유에 부딪혀요. 특히나 그 일의 보수가 낮거나 진입 장벽이 높다면 현실의 벽도 더 단단하게 느껴질 수 있죠. 넉넉한 보수와 '칼퇴'를 보장받으며 좋아하는 일을 할 수 있다면 좋겠지만 그런 행운을 기다리기보다는 현실을 제대로 인식하는 게 현명할 수 있어요.

핸디는 언젠가 "직업이 뭔가요?"라는 질문에 "TV 프로그램 시나리오를 씁니다"라고 대답한 젊은 여자를 만났다고 해요. 그에게 어떤 시나리오를 썼는지 물어봤는데 그는 아직까지 실제로 제작된 건 없다고 이야기했죠. 일요일에 계란 포장 일로 생계를 해결하고 주중에는 아직 돈을 벌어다 주지는 못하지만 자신에게 기쁨이 되는 일을 자유롭게 한다고요.

때때로 우리는 좋아하는 일을 하기 위해 '일요일의 계란 포장' 같은 일을 해야 하는 순간을 만나기도 해요. 그때는 그게 최선일 수도 있어요. 다른 목적 없이 순전히 돈을 벌기 위해 일을 해야 하는 때인 거죠.

지금 잎새가 하는 일은 어떤가요? 일요일의 계란 포장처럼 좋아하지는 않지만 나를 부양해주는 일인가요? 지금 하는 일이 힘들더라도 조금 다른 각도로 볼 방법을 생각해볼 수 있나요?

이제 질문의 답을 글로 적어보세요

잎새, 이제는 앞에서 한 세 가지 질문의 답을 한번 적어보세요. 그리고 처음에 적은 잎새의 현재 상황에 더해 일에 대한 입새의 입장과 현실, 바람 등을 정리해보세요. 굳이 글로 적어보라고 하는 이유는 머릿속으로만 생각하면 걱정과 두려움이라는 감정이 실제 문제에 군살처럼 붙어 문제는 더 크게 보이게 하고 핵심은 잘 안 보이게 하기 때문이에요. 문제를 정확히 이해해야 이제 어떻게 할지 현명하게 결정할 수 있어요.

그 순간만큼은 잎새에게 집중하길 바라요. '정 힘들고 답이 없으면 올해까지만 일하고 그만둔다' 하고 끝을 정하는 마음으로요. 어떤 경험이든 만 1년 정도를 보내고 나면 어느 정도 파악할 수 있잖아요. 그 결과가 그만두는 거라면, 다음이 있어서가 아니라 유지가 답이 아니라는 이유만으로 멈춤을 선택하면 됩니다. 일은 매우 중요하지만 계속 이어질 잎새의 수십 년의 삶에는 비할 바가 아니거든요.

이를 위해 잎새에게 매일 주어지는 일을 성공적으로 해내는 데 쓰는 힘을 조금 빼야 합니다. 하루 일에 허덕이는 지친 상태로는 뭔가를 더 할 수 없으니까요. 현재 일의 목표 수준을 낮추고 타인의 기대를 어느 정도 좌절시키더라도 장기적인 미래를 위한 자기이해에 그 에너지를 사용하길 권해요. 현재의 일을 계속하기로 마음을 다잡고 나면 얼마든지 다시 믿음을 쌓아갈 수 있고 그 일을 그만두기로 결정한다면 그들의 평가는 의미 없어질 테니까요.

잎새, 일의 즐거움은 지나가기도 되돌아오기도 합니다. 즐거움은 일의 여러 가지 보상 중 하나잖아요. 하지만 잎새에게는 아주 큰 가치일 수 있죠. 이번 고민을 잎새가 일하는 자신을 분명하게 이해하는 기회로 삼으면 좋겠습니다. 충분한 시간을 들여 제대로 생각하길 바라요. 세월이 가면 상황도 변하고 잎새도 변해서 새로운 고민이 생기고 사라지겠지만 이런 고민의 시간을 통해 잎새는 점점 중심이 분명한 사람으로 성장해갈 거예요.

일과 육아,
무엇을 선택해야
할까요

Q 직장과 아이 모두에게 미안하기만 해요

네 살 아들을 키우며 직장에 다니는 서른네 살 워킹맘입
니다. 올해로 복직한 지 2년이 돼가는데 직장과 육아 모두
힘들고 괴로워 고민이에요.

회사와 일에 대한 열정보다 아들에 대한 미안함과 아이
와 함께하지 못했다는 아쉬움이 커서 회사는 조금 후순위
에 두고 아이에 집중하는 한 해를 보냈습니다. 그런데 그
게 직장에서의 낮은 평가와 상사의 지적으로 연결되니 스
트레스가 큽니다. 일을 계속하는 게 맞는지, 더 늦기 전에
둘 중 하나를 선택해야 할지 고민이 됩니다. 워킹맘은 모
두 비슷한 고민을 할까요? 어떻게 하면 좋을까요? _희희

어떤 선택이든 후회는 남습니다

희희, 안녕하세요. 서른네 살에 네 살 아이를 키우는 복직 2년 차 워킹맘 희희의 삶은 닉네임과는 다르게 점점 힘들고 아쉽고 고민이 늘고 있군요. 체력적으로도 심적으로도 스트레스가 많은 것 같아요. 고민 글에는 담겨 있지 않은 수면 부족이나 집중력 저하, 탈모 등의 신체 증상이 있는지도 염려됩니다. 일도 육아도 전담하고 있는 워킹맘이라면 희희의 갈등에 깊은 공감을 하며 할 말이 많지 않을까 싶어요.

　문득 궁금합니다. 이 고민 글에 희희를 제외한 어떤 보호자도 등장하지 않아서요. 아이의 아버지, 조부모 같은 사람이요. 아이를 홀로 키우고 있다면 경제적 필요로 직장을 그만둔다는 선택지를 고려하기가 힘들 텐데, 만약 그게 아니라면 일과 육아를 감당하고 변화를 고려하는 일이 다 희희만의 몫인지 궁금해져요.

　만약 남편의 높은 수입이나 가족 내 가부장적 문화 등으로 희희에게만 육아 책임이 있다면 일과 육아를 병행하는 희희의 고충은 공감이나 지지를 받기는커녕 자책과 비난에 시달릴 가능성이 높습니다. 그렇다고 일을 그만두고 육아를 전담할 경우 가사, 육아 등 돌봄노동을 하면서도 경제적 무능력에 대한 비난과 더욱 완벽한 전업주부 역할 요구, 재취업의 어려움에 대한 불안 등으로 더욱 힘들어질 수도 있고요.

　사랑하는 아이를 돌보는 일이 엄마 혼자에게만 주어질 때 일어나는 불행이 한국 사회에는 너무나 흔합니다. 제가 너무 부정적인 쪽으로 이야기하는 듯해 미안하지만 현실이 그런 것 같아요. 그러니 가능하다면 꼭 희희의 고민에 남편이 동등한 자격과 태도로 참여하면 좋겠어요. 그럴 수 있는 사람이 지금 희희의 반려자이자 아이의 아버지길 바랍니다.

처음 살아보는 삶, 선택을 내리기 어려운 건 당연해요

지금부터는 사회 문화, 부부 관계를 제외하고 희희 개인의 선택이라는 관점에서 일과 육아 병행이냐 육아 전념이냐

하는 문제를 풀어볼게요. 이 선택이 어려운 이유는 우리가 지금 이 삶을 처음으로 살아내고 있기 때문입니다. 선택을 위해서는 나만의 명확한 기준이 있어야 하는데 그 누구도 기준을 갖고 태어나진 않으니까요.

그래서 우리는 다양하게 시도하고 때로는 시행착오를 겪으며 나만의 기준을 만들어야 합니다. 나로 사는 경험은 처음이기에, 살면서 마주하는 수많은 선택 앞에서 막막함과 두려움을 느끼는 건 어찌 보면 당연한 일인지도 몰라요.

선택을 내리기가 어려운 이유 중 하나는 우리가 완벽하고 유일한 답을 찾으려 하기 때문이에요. 학창 시절 내내 우리는 정답을 찾게끔 훈련받아요. 하지만 시험과 달리 삶에는 정답이 없어요. 내게는 정답이 누군가에게는 오답이 될 수도 있고 과거 오답이라 믿었지만 시간이 흐르며 그게 정답이었음을 알게 되기도 하죠. 그런데도 정답을 찾는 데 익숙한 우리는 정답이 존재할 수 없는 문제를 풀며 정답을 찾으려 애써요.

우리가 할 수 있는 일은 내가 한 선택을 나다운 답으로 만드는 것뿐이에요. 한 번의 선택이 마법처럼 모든 문제를 해결해주리라 기대하며 어떤 선택을 할지 고민하는 데 시간을 쓰는 대신 내가 한 선택을 내게 맞는 정답으로 만들기 위해 노력하는 게 우리에게 필요한 자세예요.

선택을 내리기 어려운 또 다른 이유는 내가 진짜로 뭘 원하는지 잘 모르기 때문이에요. 불투명한 안경을 끼고 길을 찾는다고 생각해보세요. 어떤 길로 갈지 옳은 선택을 내릴 수 있을까요?

내가 어떤 사람인지, 내가 원하는 게 뭔지 잘 모른다는 건 불투명한 안경을 끼고 목적지를 향해 걸어가는 것과 비슷해요. 선명하게 보지 못하니 언제나 불안하고 두렵죠. 그래서 타인에게 의존하게 되고 타인을 따라 걷게 되기도 해요. 어떤 선택을 내려야 할지 전혀 감이 잡히지 않는다면 선택 자체에 집중하기보다 내가 어떤 사람인지, 내가 진짜 뭘 원하는지 먼저 알아보는 게 도움이 될 수 있어요.

내가 어떤 사람인지가 가장 중요해요

희희는 어떤 사람인가요? 만약 희희에게 일이 자기성장을 뜻하고 경제활동을 하는 성인으로서의 자신감, 외부 활동을 통한 에너지 발산으로 연결된다면 장기간의 일 중단은 희희의 내적 침체나 우울감으로 이어지기 쉬워요. 물론 일 과 육아를 병행한다고 해도 앞으로 몇 년의 저성과는 뒤따르겠지만요.

반대로 희희에게 일이 어쩔 수 없이 해야 하는 것일 수도 있겠죠. 필요악까지는 아니더라도 지금의 경력이 나중에 직무 전환이나 시간제 근무 등으로 유연하게 대체할 수 있는 것이거나, 일이 성격에 맞지 않거나, 일로 인한 스트레스가 너무 높을 경우 일을 그만두고 육아에 집중한 후 여유가 생기면 새로운 진로를 모색할 수도 있어요.

이 경력 단절 시기가 희희의 사회 복귀에 어떤 영향을 줄지는 희희도 이미 잘 알고 있을 거예요. 또 육아 휴직 경험이 있으니 희희 성격이 아이를 중심으로 좁게 제한된 생활에 잘 적응하는지, 아니면 외향성을 발휘하고 성취 경험을 충분히 하는 사회활동에 잘 맞는지 직접 가늠해볼 수 있을 거예요.

아직 남은 고민이 있죠? 아이에게는 무엇이 더 좋을까요? 당연히 어린 시절 부모와 함께하는 시간이 충분한 쪽이 좋다는 함정에 빠지지 않길 바라요. 맞벌이를 하며 적절히 역할을 나눠 아이를 돌보는 부부가 많고 그런 양육 또한 부족하지 않아요. 온전히 육아에만 전념한다고 해도 우리는 완벽한 존재가 아니라 또 다른 고민은 계속 있을 거고요.

무엇보다 희희가 어떨 때 즐겁고 보람을 느끼며 힘이 솟는지가 중요합니다. 제가 이 말을 여러 번 반복하죠. 많은 시간 엄마와 함께하는 아이가 바라보기에 엄마가 행복하지 않아 보이고 그게 자기 때문이라고 느낀다면 어떨까요? 함께하지 못하는 시간에는 자신을 보고 싶어 하고 함께할 때는 애정을 듬뿍 표현해주며 자주 웃고 콧노래를 부르는 엄마를 보는 아이는 어떨까요?

물론 아이와 함께하며 부모로서 자라는 시간도 중요해요. 하지만 어른으로 사는 삶이 만만치는 않지만 즐겁고 의미 있게 살고 있는 엄마를 아이에게 선물하는 것도 똑같이 중요해요.

어떤 선택도 완벽한 결과로 이어지는 게 아니라 각각의 장단점이 있어요. 그래서 희희도 계속 고민하는 걸 테고요. 질문의 중심을 희희 자신으로 삼아야 하는 이유예요.

충분히 고민했다면 이제 과감히 결정을 내리세요

어떤 결정을 내릴지 고민된다고 했죠? 하지만 지금은 선택하고 결정할 시기잖아요. 결정이 어렵다면 완벽한 선택은 없다는 사실을 이해해야 해요. 처음 살아보는 인생이기에 누구나 실수를 하고 이를 통해 배우며 성장하는 과정이 인생임을 인정해야 하죠. 내 기준은 언제나 불완전하고 내가 한 선택이 언제나 완벽하진 않겠지만 그 불완전한 과정을 통해서만 성장할 수 있다는 점을 이해하고 받아들이세요.

계속 고민만 하고 있다면 선택을 통해 경험할 수 있는 최악의 상황을 가정해본 후 결정하세요. 선택이 어려운 또 다른 이유는 막연한 두려움이에요. 이때 각각의 선택이 가져올 수 있는 최악의 경우를 상상하고 그 상황에서 할 수 있는 일을 생각해보면 도움이 돼요. 이렇게 하면 실제 결과는 이보다는 덜할 거라 조금은 편한 마음으로 무엇이든 일단 선택해보는 용기를 가질 수 있어요.

후회에서 배울 수 있음을 기억하세요

이야기 끝에서 갑자기 후회를 언급하니 좀 당황스러울 수
도 있겠네요. 우리는 일반적으로 후회는 나쁘다고 인식하
잖아요. 후회하지 않는 삶이 좋은 삶이고 후회 없는 삶을
살아야 한다고 믿죠. 그래서 어떤 사람은 "나는 후회하지
않는다"라는 문장을 인생 모토로 삼기도 해요. 그런데 아
주 조금의 후회도 없는 삶이 정말 가능할까요?

베스트셀러 작가 다니엘 핑크Daniel Pink는 그의 책《후회
의 재발견》에서 '후회에 대한 부정적인 통념은 옳지 않다'
라고 이야기해요. 후회는 어리석고 행복에서 멀어지는 길
이 아니고 후회를 통해 삶의 명료함과 우선순위를 되찾고
더 좋은 의사 결정을 내릴 수 있으며 궁극적으로 더 나은
사람이 될 수 있다는 말이에요.

나로서 사는 삶은 우리 모두에게 처음이기에 아무리 열
심히 준비하고 계획해도 살다 보면 후회를 만날 수밖에 없
어요. 그러니 마치 한 번도 후회하지 않을 것처럼 후회를
외면하는 것도, 후회의 굴레에 빠져 좌절하는 것도 모두
좋지 않아요. 대신 좀 더 너그럽고 여유로운 마음으로 후

회를 인정하고 바라봐야 해요.

인류는 후회라는 감정을 잘 알아차린 덕분에 과거로부터 배우며 진보할 수 있었어요. 한 사람의 인생도 마찬가지예요. 아무리 철저히 계획해도 우리는 필연적으로 후회할 거예요. 중요한 건 후회를 통해 삶이 우리에게 가르쳐주려는 교훈을 잘 배우고 삶에 적용하는 거죠.

아이로 태어나 어른이 되고 부모가 되고 노인이 될 인간 희희는 앞으로 10년 정도 어떤 삶을 살고 싶은가요? 이미 오래 생각했으니 길게 고민하기보다 마음이 1이라도 더 기우는 쪽을 선택하고, 후회하더라도 그 후회를 통해 배우며 희희답게 살아내길 바라요. 아이가 행복한 희희를 보며 자기답게 자랄 수 있도록요. 응원을 보내요.

뻔한 어른이
돼가는 것 같아요

Q 어른이 되고 있는 걸까요, 꼰대가 되고 있는 걸까요?

스물네 살 직장인입니다. 비교적 어린 나이에 직장 생활을 시작해 벌써 3년 차가 됐어요. 처음에는 수직적인 직장 분위기나 나와 맞지 않는 가치관 때문에 혼도 많이 나고 힘들기도 했는데 이제는 저도 선배들과 비슷해진 것 같아요.

제가 신입일 때 기분 나빠하던 선배의 생각, 행동을 하고 있는 나를 발견하게 됩니다. 뻔한 어른이 되지 않겠다고 늘 다짐해왔는데 말이죠. 저는 어른이 되고 있는 걸까요, 아니면 꼰대가 되고 있는 걸까요? 점점 뻔한 어른이 돼가는 제 모습을 보면 자괴감이 들고 고민이 됩니다. 저 이대로 괜찮을까요? _블루

어른이 되길 두려워하지 마세요

안녕하세요, 블루. 스물네 살에 3년 차 직장인이라니 대단합니다. 요즘은 첫 직업을 20대 후반~30대 초반에 갖는 경우가 많은데 일찍부터 고생길에 들어 분투하고 있는 블루에게 존경의 박수를 먼저 보내고 싶어요.

블루는 직장 생활의 불합리하고 강압적인 분위기도 피하지 않고 열심히 감당하다가 이제 조금은 적응했나 봅니다. 시키는 대로 할 수밖에 없는 시간을 지나 '난 안 해야지' 했던 선배들 행동을 내가 하고 있음을 발견했네요. 아이가 부모의 싫은 행동을 따라 하는 것처럼요.

아이와 사회초년생의 공통점은 매우 약한 존재라는 겁니다. 강한 부모와 상사 사이에서 살아남으려면 그럴 수밖에 없죠. 거기다 나이까지 상대적으로 적으니 많은 무시와 비난 속에서 얼마나 힘들었을까요? 지금까지 버틴 게 참 대단합니다. 정말 고생이 많았어요. 이제 어른 혹은 선배로서의 블루를 살펴봐요. 신입사원에게 이곳에서 적응하고 살아남기 위한 충고와 조언을 하고 있다고요.

내 행동을 관찰한다는 건
나를 알아차리고 있다는 뜻이에요

블루가 스스로 선배들과 비슷한 행동, 말을 하고 있고 있다고 인지하는 건 아주 바람직한 행동이라는 점을 이야기하고 싶어요. 심리학에서는 이렇게 자기 자신을 인지할 수 있는 능력을 '메타인지'라고 해요. 메타인지란 1970년대 발달심리학자 존 플라벨John Flavel이 제시한 개념으로 나자신을 거리를 두고 바라볼 수 있는 능력이에요. 다시 말하면 나를 관찰하는 능력이기도 하죠. "너 자신을 알라"라는 한 소크라테스의 말처럼 나 자신에 관해 많이 생각하고 스스로를 바라볼 수 있다면 메타인지 능력이 높은 사람이에요. 그리고 이 메타인지 능력이 높은 사람일수록 성장할 가능성이 크다고 해요.

성장하는 데 왜 메타인지가 중요할까요? 바로 성장은 내 현재 상태를 파악하는 데서 시작되기 때문이에요. 내게 뭐가 부족한지, 내가 뭘 잘하는지 알고 어떤 상황에서 어떤 감정을 느끼는지 있는 그대로의 나를 바라봐야 성장을 위한 계획을 세우고 실천할 수 있죠. 그래서 성장하는 사람 대부분은 이 능력이 뛰어나요. 나를 객관적으로 평가하지 못하는 사람이 새로운 것을 배우고 습득하고 통찰력을 갖기란 쉽지 않습니다.

완벽하지 않고 꼰대 같은 내 모습도 인정하는 능력

메타심리학의 대가로 인정받는 교수 리사 손Lisa Son은 메타인지를 '나의 완벽하지 않은 모습을 인정하는 능력'으로 표현합니다. 많은 사람이 내 부족한 면, 내 현재 상태를 인정하고 받아들일 용기가 없어서 메타인지 능력을 향상할 기회를 잃어버린다고 해요. 다른 사람 앞에서 미숙하거나 미완성인 모습을 드러내기 어려워 나를 바라보는 일 혹은 드러내는 일을 아예 포기해버리는 거죠. 용기를 내지 않으면 나를 드러내지 않게 되고 드러내지 않기 때문에 부족한 면을 성장시킬 기회도 덩달아 놓치게 됩니다.

메타인지 능력을 높이면 완성되지 않은 내 모습을 인정하게 됩니다. 어떤 사람을 두고 한쪽으로 쏠린 평가를 내린 뒤 '아, 내가 생각보다 편견이 있는 사람이었구나' 하고 스스로 알아차리는 순간, 내가 어떤 사람 앞에서 얼굴이 벌겋게 달아오른 뒤 '아, 나 지금 화가 나 있구나. 나 왜 이렇게 화가 났을까?' 하고 깨닫는 순간이 바로 메타인지의 순간입니다.

블루가 '나도 선배들과 비슷해졌구나' '뻔한 어른이 돼가는 것 같구나' 하고 느끼는 것도 메타인지의 순간이라고 볼 수 있어요. 메타인지가 되면 완벽하지 않은 나를 인정하고 내게 더 많은 기회와 여유를 줄 용기가 생깁니다. 블루는 이미 자신을 관찰하며 자기 행동을 인지하고 있어요. 이 사실만으로도 꼰대가 아닌 어른으로 성장할 수 있는 좋은 준비를 하고 있다고 볼 수 있고요.

여기서 한발 더 나아가보자면 자신이 꼰대처럼 느껴지는 어떤 특정한 상황에서 잠깐 떨어져 나 자신에게 질문해보세요. '왜 내가 이렇지?' '나는 여기서 어떻게 느끼고 있지?' '지금 내 기분이 어떻지?' '내가 원하는 게, 말하려는 내용이 뭐지?' 같은 질문을 던져보고 기록해보는 거죠. 질문하는 습관을 계속 기르다 보면 나를 제대로 바라보는 순간이 점차 많아질 거예요.

정말 하고 싶은 이야기는 이렇게 해보세요

한편 요즘 꼰대라는 말이 너무 유행어처럼 퍼지면서 부정적으로만 사용되는 것 같아요. 때로는 선배로서 꼭 필요한 말을 해주는 것도 필요하거든요. 아이들에게 '왜 부모가 너희를 위해서 하는 말을 듣기 싫어하느냐'라고 물어보면 '자기가 생각해도 맞는 말이지만 그 말을 듣기 싫게 하니까 그렇다'라고 대답하잖아요. 우리가 후배에게 하는 말과도 비슷하지 않나요? 그러니 정말 하고 싶은 이야기가 있다면 이렇게 해보세요.

첫째, 요청할 때만 말해주기로 해요. 아무리 '꿀팁'이고 좋은 정보, 필수 조언이라고 해도요. 안타깝지만 공식적인 오리엔테이션 외의 분위기 파악은 본인 몫으로 두기로 해요.

둘째, 잘못된 행동을 하거나 힘들어하는 후배에게 할 말이 있을 때는 먼저 충분히 듣기로 해요. 충고, 조언, 평가, 판단하지 않고 가만히 공감해주면서요. 그러고 나서 "너도 생각 많이 했구나" "고생하는구나" 말해주세요. 그리고 다시 첫째 팁으로 돌아가요. 요청할 때만 조언하기.

셋째는 다른 이야기인데, 어른이 되길 두려워하지 마세

요. 우리는 상황에 따라 선배가 되기도 후배가 되기도 하고, 초보가 되기도 숙련자가 되기도 해요. 그러니 상대적으로 경험이 많아서 잘하고 나이가 많아서 뭔가 알고 있을 때는 자연스럽게 어른 역할을 하면 돼요. 어른은 원치 않는데도 가르치려 드는 사람이 아니라 자기 말과 행동을 책임지려고, 스스로를 돌봐 남에게 피해를 주지 않으려고 노력하는 사람이잖아요. 바로 지금의 블루처럼요.

이제 긴 글을 마치려고 해요. 지금 블루가 다니는 회사가 블루의 마지막 직장은 아닐 거예요. 수십 년 남은 인생 중 아마 몇 년은 쉬거나 공부하거나 여행하거나 하며 보낼 수도 있고요. 그러니 너무 스스로에게 잘하라고만 하지 마세요. 꼰대 짓을 할 때도 있고 바보 짓이나 못난 짓을 할 때도 있을 거예요. 그럴 때마다 자책은 조금만, 응원과 격려는 늘 해주길 부탁할게요. 여전히 사는 게 쉽지 않은 인생 선배로서 응원을 보내요.

나다운 것은 뭘까요? 아무리 생각해도 헷갈리지 않나요? 어떤 사람의 나다움은 한마디로 뭉뚱그려 답하기 어려워요. 오히려 나의 다양한 면들을 최대한 잘게 쪼개 하나하나 더해가야 어렴풋이 알 수 있어요. '아, 나는 이런 사람이구나' 하는 작은 이해들이 모여서 나를 깨닫는 거죠. 그것이 늘 마음에 들지 않아도 수용하고 존중하면서 조금씩 있는 그대로의 나를 사랑하게 되는 과정이 삶이에요. 너무 먼 이야기처럼 들리나요? 하루하루 나를 돌아보고 보살피고 기록하고 있다면 당신은 이미 진정한 나다움에 이르는 길을 걷고 있는 거예요.

나답게 내 속도로
살아가기 위해
고민하는 당신에게

24

무채색의 삶이 아닌 나다운 삶을 선택하고 싶어요

Q 평균을 쫓는 삶의 굴레에서 벗어나고 싶어요

평균을 쫓으며 큰 불행도 행복도 없이 10년 차를 맞이한 직장인입니다. 평균의 삶을 쫓아 살았고 겉으로 보기엔 괜찮아 보이는 삶이 됐지만 마음은 어둡고 행복하지 않은 느낌입니다.

이제 평균을 쫓는 삶은 그만두고 나답게 선택하고 책임지는 삶을 살고 싶다고 생각하지만 막상 아무것도 하지 않고 있습니다. 대신 미지근한 시늉(책, 강연, 모임 등)을 합니다. 그런 시늉만으로는 결국 변할 수 없을 텐데 점점 더 제게 삶을 변화시킬 수 있는 힘이 있긴 한지 자신이 없어지고 '그냥 이렇게 무채색의 삶을 버티며 살아가야 하는 걸까' 하는 생각이 듭니다.

이렇게 사는 건 내가 원했던 삶이 아니라는 생각에, 굴레에 갇힌 것 같아요. 저는 사실 이렇게 평범한 삶을 욕망하는 사람인데 주체적인 삶이 주는 이상에 빠져 허우적거리는 걸까요? 이 굴레에서 벗어나고 싶습니다. _다람

내가 만들고 있는 변화의 힘을 믿어주세요

글을 읽으며 다람은 생각이 많고 깊구나 싶었어요. "굴레에 갇혔다" "무채색의 삶" "마음이 어둡다" "평균의 삶을 쫓았다" "미지근한 시늉을 한다" "이상에 빠져 있다" 등 인간 존재에 관한 여러 주제가 짧은 글에 켜켜이 쌓여 있네요.

다람은 평균의 삶을 쫓아 살았다고 했죠. 청소년 시절에는 하라는 공부 성실히 하는 학생이었을까요? 10년 차 직장인이라고만 밝혔지만, 사회가 원하는 여러 결과들을 재능과 노력으로 잘 만들어냈으리라 짐작합니다.

마음이 힘들었다고요. 사실 다람만 그런 건 아니에요. 우리는 사회가 주입한 평균적인 삶의 모습에 익숙해요. 학교에서부터 성적에 따라 점수로 등수를 매기고 내 위치가 어디쯤 되는지 매번 확인합니다. 사회에 나와서도 숫자로 등수를 매기는 일은 끝나지 않죠. 나이대별 평균 자산과 연봉, 평균 결혼 연령, 직장인 평균 근로시간, 1년 평균 여행 일수 같은 정보를 접하면 자연스럽게 나는 어떤지 이 수치와 비교해보죠. '아, 내가 평균 정도는 되는구나' 안심하기도 하고 '남들보다 못한 삶을 살고 있구나' 우울해하기도 하면서요.

그런데 가만히 생각해보세요. 여행, 연봉, 근로시간 등은 각자가 중요하다고 판단하는 가치와 기준은 모두 다를 수밖에 없어요. 그런데도 평균이라고 하는 가상의 삶과 자기를 비교하며 그 기준에 미치지 못하면 괴로워하죠.

평균을 맞추는 삶을 선택하다 보면 나만의 고유함과 잠재력을 발휘하기 어려워요. 가령 미술에 두각을 나타내는 학생도 국영수 평균 점수가 낮다는 이유로 평균의 피해자가 돼 '열등'이라는 꼬리표를 달고 10대를 살아갈 수 있어요. 특히 자신의 기질과 살고자 하는 삶의 모습이 사회가 정의하는 평균적 삶의 모습, 사회가 좋다고 여기는 모습과 차이가 크다면 그 괴리감은 더욱 크게 느껴질 수 있죠. 왠지 모를 공허함을 느끼고 삶이 마치 무채색이 된 것 같은 느낌을 받을 수 있어요.

궁금해요. 실제로 다람이 되고자 했던 평균적인 삶은 어떤 모습이었나요? 막연하게가 아니라 어디에서 무엇을 하며 사는 하루, 일주일, 한 달, 1년을 보내는 삶이었나요? 그리고 지금 다람의 삶은 어떤가요?

평균을 따라 사는 삶은 안전할까요?

평균을 쫓아 살아가는 삶은 안전해 보여요. 모두가 다 그렇게 하니 적어도 망하지는 않을 것 같은 느낌이 들죠. 하지만 평균을 따르는 삶은 우리를 위험하게 만들어요. 왜냐고요? 평균은 우리를 '생각하지 않는 삶'으로 이끌어가거든요.

내가 정말 원하는 게 뭔지 스스로에게 물어보고 그 답을 찾기란 힘든 과정이에요. 남들이 다 가는 길을 무시하고 내가 원하는 방향으로 걸어가기 또한 쉽지 않고요. 혹시 내 선택이 틀리면 어떡하나, 이러다 후회하진 않을까 걱정도 많아지고 불안해지기도 해요. 그렇게 우리는 평균의 유혹에 빠져들고 내 고유성, 특별함은 점점 사라지죠. 더욱이 평균이라는 균질한 기준으로 우리를 평가하는 사회에서 자발적으로 평균의 노예가 되기도 합니다.

우리는 모두 다른 생김새만큼이나 다양하고 고유한 특징을 가지고 있어요. 누군가는 남들에 비해 키가 작기도 하고 누군가는 언어를 배우는 속도가 좀 더디기도 하죠. 누군가는 글로 자신을 표현하는 게 편하지만 누군가는 그림으로 하는 게 더 편하기도 해요.

'평균=정상'이라는 공식에 길들어 타인이 정해둔 잣대에 나를 맞추면 그 고유함은 잃어버리게 돼요. 그래서 사회가 평균의 잣대를 들이대며 나를 평가하려 할 때 잠시 멈춰 서서 '내가 왜 저 기준에서 평가받아야 하지?' '난 어떤 고유성이 있는 사람이지?' 하고 반문해볼 필요가 있어요.

평균과 평범은 다릅니다

한 가지 이야기하고 싶은 건 평균을 따르는 삶과 평범한 삶은 다르다는 거예요. 평균을 따르는 삶에는 내 생각이 없어요. 남과 비교하며 기준을 만들고 남들이 다 그렇게 하니 평균에 맞추기 위해 따라가죠. 그렇다고 평균을 따르지 않는 삶의 모습이 아주 특별하고 유별날 거라는 추측 또한 위험해요. 평범을 거부하고 나답게 선택하며 주체적으로 책임지는 삶에 환상을 가질수록 그 삶을 선택하기가 점점 어려워지거든요.

중요한 건 드러난 삶의 모습이 아니라 그 삶을 내가 스스로 선택했는지 여부예요. 내가 선택한 삶의 모습이 평범할 수도 있는 거죠. 사실 우리 삶은 어떤 면에서는 모두 평범하고 또 어떤 면에서는 모두 특별하거든요. 그러니 평범함과 특별함으로 정답을 나누지는 마세요.

굴레에서 벗어난 이상적이고 주체적인 삶, 내 선택에 단 한 치도 의심하지 않는 삶은 없어요. 그저 내가 원하는 게 뭔지 분명히 알겠다 싶은 순간, 용기를 내 나를 위한 선택을 하는 순간, 내 자신과 편안한 순간만이 있을 뿐이에요. 지금 다람의 삶에도 자세히 살펴보면 이렇게 변화를 위해 용기 내 선택한 시간이 있어요. 다람은 "미지근한 시늉"이라고 했지만 책을 읽고 강연을 보고 모임에 참석하는 것도 변화를 위한 선택이에요.

이렇게 작은 선택이 하나둘 모이다 보면 삶의 각도가 아주 조금씩 바뀌어서 어느 순간 생각보다 많은 게 변화했음을 알아차릴 수 있어요. 그러니 현재의 고단함 때문에 스스로 선택한 용기를 깎아내리지는 말아주세요. 때때로 변화는 아주 천천히 찾아오기도 하니까요.

내가 만들고 있는 선택의 힘을 믿어주세요

다람이 벗어나야 하는 굴레는 삶이 아니라 생각이에요. 잘못된 생각이라서가 아니라, 평생 함께해야 할 본질적인 고민이라 그와 지혜롭게 공존하는 연습이 필요해요. 이미 다람은 고된 밥벌이를 해내고 그 속에서 변화를 시도하고 있어요. 해야만 하는 일, 싫은 일, 고생스러운 일이 많은 세상에서 다람은 10년째 꽤 잘해내고 있는 거죠.

삶의 본질을 붙들고 씨름하기보다 이미 한 작은 시도를 더 발전시키세요. 앞으로도 계속될 길고 벅찬 인생의 굴레에서 활기를 찾는 방법은 갑자기 지금과는 전혀 다른 삶을 선택하는 게 아니에요. 오히려 지금 일상에서 쉽게 할 수 있는 새로운 만남과 배움을 시도해야 하죠. 다람이 "시늉"이라고 한 바로 그 일의 끝에 다람이 원하는 삶을 열어줄 문이 있어요. 자신에 대한 깊은 이해와 나다운 삶으로 향하는 길을 다람은 이미 걷고 있어요. 그리고 다람에게는 나다운 삶을 선택할 용기와 그것을 살아낼 힘이 있어요. 끝까지 자신을 믿어주기를 바라요. 멀리서 믿음을 보탭니다.

25

충분히 방황하고
좋아하는 일을
찾고 싶어요

3년간 다닌 회사에서 더 큰 회사로 이직을 했습니다. 남들이 인정해주는, 소위 대기업으로 이직하며 '나 정말 대단하구나!' 뿌듯해하기도 했어요. 하지만 높은 업무 강도와 고객의 폭언 등을 들으며 몸과 마음이 망가지고 있다는 느낌이 들었습니다. 샤워하면서, 설거지하면서, 지하철을 타고 출근하면서 그냥 눈물이 쏟아지기 시작했을 즈음 이제는 그만둬야겠다는 마음에 퇴사를 했습니다.

문제는 이제 새로운 직장을 구해야 하는데 제가 뭘 좋아하는지 모르겠다는 점입니다. 좋아하는 일을 하고 충분히 방황해보고 싶어 퇴사를 결심했지만 남들은 모두 달리고 있는데 나 혼자 멈춰 선 것 같아 불안하고 조급해집니다. 좀 더 내게 집중하고 내 이야기를 들어야 내가 좋아하는 게 뭔지 찾을 수 있을 것 같은데 그러면 영영 늦어지는 건 아닌지 불안합니다. _로하

삶을 신뢰할 수 있을 때 조급함은 사라집니다

알로하, 로하! 상한 몸과 마음으로 회사를 떠난 지 얼마나 시간이 흘렀나요? 로하의 몸과 마음은 얼마나 회복한 것 같나요? 로하가 살고 싶은 삶은 어떤 하루로 이뤄져 있나요? 로하가 이 세 질문에 어떻게 답할지 궁금해요.

로하가 어떤 분야에서, 어떤 목표와 방향성으로, 어떤 삶을 살고 싶은지 모르지만 저 역시 내가 가고 있는 이 길이 맞을까, 지속할 수 있을까 밀려오는 불안을 달래며 잠들 때가 많아요. '해야지' 생각했다가 회피하고 미뤄버린 일이 떠올라 자책하기도 하고요. '그래도 계속해봐야지' 다짐하고 '앞으로 일할 날이 지금까지 일한 날보다 훨씬 많다' '괜찮다, 내일을 위해 자자' 하면서요.

사회에서 말하는 정규 코스(?)에서 완전히 소진한 몸과 마음으로 하차한 로하에게 먼저 하고 싶은 말이 하나 있습니다. 내린 버스를 계속 바라보지 마세요. 이미 떠났으니까요. 여전히 아쉬울 수도, 앞으로도 아쉬울 때도 있겠지만 "그래, 아쉽다!" 한마디 하고 보내주세요. 밖에서는 부러울지 몰라도 안에서는 얼마나 괴로웠는지 알잖아요. 그러니 미련은 지금 내린 버스에 태워 보내주세요.

마음속 조급함을 자세히 들여다볼까요?

남들은 모두 달리고 있는데 나만 멈춰선 것 같아 불안한 그 마음을 좀 더 들여다봅시다. 바쁜 현대사회에서 조급함을 느끼지 않기란 쉽지 않아요. 빠른 게 좋은 거라 추앙받는 한국 사회는 조급함을 오히려 긍정적으로 평가하기도 하니까요. 빠릿빠릿하게 일을 잘 처리하는 에너지는 조급함에서 나올 때가 많거든요.

하지만 더 깊숙이 들여다보면 조급함은 불안에 그 뿌리를 두고 있음을 알 수 있어요. 조급함을 느낀다는 건 삶을 있는 그대로 신뢰하지 못한다는 뜻이거든요. 자연스러운 나만의 속도로 살아가다가 타인에게 인정받지 못하거나 남보다 뒤처질까 두려운 마음에 내 속도를 무시하고 세상과 타인의 속도에 나를 맞추는 거죠. 이렇게 조급함과 불안에 초점을 맞추다 보면 진짜 내 삶을 살지 못해요.

조급한 마음으로 뭔가를 할 때 우리 마음은 온전히 집중하지 못하고 끊임없이 다음을 생각하고 준비해요. 내가 정말 뭘 원하는지 알기 위해서는 내게 충분히 시간을 주고 마음껏 방황해야 하는데 조급한 마음은 남과 비교하며 뭐든 일단 시작하게 하니 근본적으로는 아무것도 변하지 않은 채 같은 패턴만 반복하게 돼요. 불안하니 뭐든 시작하고 마음에 들지 않아 그만두고 다시 조급해서 뭐든 시작하길 반복하는 거죠.

조급함의 패턴에서 벗어나 삶을 신뢰해봐요

그럼 이런 패턴에서 어떻게 벗어날 수 있을까요? 바로 삶을 신뢰하는 거예요. 삶을 신뢰할 때 우리는 각자 자기에게 맞는 속도와 삶의 리듬이 있음을 믿게 돼요. 삶을 살아가는 가장 좋은 방법은 바깥세상에 자신을 맞추며 분주해지는 게 아니라 이미 내 안에 있는 리듬과 속도를 잘 듣고 거기에 주파수를 맞추는 것임을 깨닫는 거예요.

이제 맨 처음 질문으로 다시 돌아가볼게요. 로하는 충

분히 쉬었나요? 혹시 겨우 멍하니 며칠, 몇 주를 보냈을 뿐인 건 아닌가요? 사실 그때가 제일 불안해요. 일이 밀려 있지 않고 나를 다그치는 사람이 없는 게 어색한 시기죠. 그럼 지금의 비어 있음에 적응하는 시간이 더 필요해요. 앞으로 30년 일할 건데 100분의 1, 2쯤인 3개월, 6개월은 그저 낮잠으로, 산책으로, 좋은 거 보고 먹고 충분히 쉬는 시간으로 보내도 돼요. 습관성 불안이 아니라 에너지로 차오른 몸과 마음이 심심해할 때까지요. 그 신호가 와야 준비가 된 거예요. 눈물을 쏟고 지쳐 쓰러질 때까지 누르고 숨겨야 했던 나를 다시 만날 준비요.

나라는 영웅의 여정을 만들어나가세요

신화학자 조지프 캠벨Joseph Campbell은 세계의 다양한 신화를 연구한 결과 '신화 속 영웅은 공통적으로 19단계로 진행되는 영웅의 여정을 거치면서 성장해 자신만의 신화를 만들어간다'고 이야기해요. 사실 이 여정은 비단 소수의 영웅에게만 해당되진 않아요. 캠벨은 자신 안의 '희열bliss'

을 따르는 삶이 곧 영웅의 여정이라고 이야기하거든요.

그럼 우리는 내면의 희열을 어떻게 찾을 수 있을까요? 이건 누군가 대신 해줄 수 있는 일이 아니기에 스스로 내면의 느낌과 목소리에 귀 기울이고 직관이 주는 힌트를 포착해야 해요. 누군가가 가르쳐줄 수도, 대신 알려줄 수도 없기에 아주 작게라도 희열이 느껴진다면 그걸 잡고 우리 마음의 바닥까지 내려가야 해요. 앞으로 무엇이 될지도 어떤 일이 펼쳐질지도 모르지만 나를 믿고, 각자 영웅의 여정을 만들어가고 있음을 믿고 끝까지 가보는 거죠.

어때요? 너무 거창하게 느껴지나요? 아니면 내가 정말 할 수 있을지 의심이 드나요? 사실 우리가 사는 세상에는 이렇게 내면의 소리에 귀 기울이지 않는 사람이 훨씬 많아요. 뭘 해야 할지, 어떻게 행동해야 할지, 삶의 가치를 어디에 둘지 남의 말에 따라 결정하는 사람이 너무 많죠. 그래서 내면의 희열을 따라가려는 내가 좀 이상하고 바보 같아 보일 수도 있어요. 캠벨은 내면의 희열을 따르는 데 가장 큰 걸림돌은 '깊은 심연에 존재하는 내면의 용'이라고 이야기해요. 여기서 용은 두려움과 욕망을 상징해요. 만약 '아니, 내가 그걸 어떻게 할 수 있겠어?' 하고 생각한다면 그게 바로 우리 안에 존재하는 용이에요. "안 돼. 나는 작가가 될 수 없을 거야"라든지 "나는 아무개가 하는 일은 도저히 할 수 없을 거야" "남들은 다 달리고 있잖아, 너도 남들처럼 빨리 달려야 해"라고 이야기하게 하는 마음 역시 우리 안의 용이죠.

영웅의 여정을 따르는 모든 사람은 이 두려움을 극복해야 해요. 캠벨은 '고통스럽지 않을 수 있다고 하는 신화는 읽어본 적이 없다'라고 말해요. 신화는 우리에게 어떻게 하면 고통을 직면하고 이겨내고 다른 것으로 변용할 수 있는지 가르칠 뿐 고통이 없는 인생, 고통이 있어서는 안 되는 인생은 말하지 않아요.

불안은 우리를 조건화하고 삶을 온전히 신뢰하지 못하게 하지만 우리는 불안보다 훨씬 더 큰 존재고 불안을 넘어 나만의 속도로 살아갈 수 있는 존재예요. 조급함을 알아차리고 불안이 만든 조건화의 굴레를 하나씩 벗어버릴 때 우리는 삶이 우리에게 주는 수많은 선물에 한 발짝 더 가까이 다가갈 수 있어요.

로하는 지금 자신을 설레게 하는 내면의 희열을 찾아 떠났어요. 그 과정에서 조급함과 두려움이라는 용을 만났고요. 다른 사람과 비교하고 뭐라도 해야 할 것 같은 마음에 '그런 건 특별한 사람에게나 해당하는 이야기지, 나한텐 해당이 안 돼' 하고 생각하진 않았나요? 켐벨에 따르면 우리는 모두 자신만의 독특함이 있고 내면의 희열을 따르며 각자 영웅의 여정을 살 가능성이 있어요. 물론 그 여정이 편안하고 행복하지만은 않을 거예요. 내면의 희열을 따르는 일은 죽음을 무릅쓴 고통과 시련을 포함하니까요.

분명 로하도 뭔가에 순수하게 호기심을 갖고 별것 아닌데도 즐겁고 시간 가는 줄 모르고 한참을 해도 자꾸만 더 하고 싶은 마음으로 산 때가 있었을 거예요. 기억나지 않는다면 그만큼 오래 그 마음을 잊고 살아왔을지도요. 내가 좋아하는 것, 원하는 걸 모르겠다는 말은 사실 내가 누구인지 잘 모르겠다는 것과 깊이 연결돼 있어서 심리 상담에서는 아주 어린 시절부터 하나하나 돌아보며 나 자신을 찾아가는 작업을 긴 시간 하기도 해요. 어쩔 수 없었다는 이유로 외면한 상처받은 마음이 사는 집을 찾아가 긴 대화를 나누며 사과하고 화해하려고요.

동시에 가벼운 마음으로 내가 과거에 좋아했던 활동, 공부를 조금씩 다시 시작해보는 것도 좋아요. 금전적으로 아주 쫓기는 상황만 아니라면 다른 소비를 줄이더라도 부담과 책임 없이 배우고 즐길 수 있는 일들로 '일하는 존재'로서의 내게 재활의 시간을 주는 것도 도움이 돼요.

비어 있음에 적응하는 시간을 가져보세요

빠르게 돌아가는 컨베이어 벨트에서 내려 내 속도로 걸을 때 우리는 비로소 삶을 진정으로 경험하고 내가 좋아하는 것, 나다운 삶의 힌트를 찾을 수 있어요. 물론 종종 조급해하는 습관이 다시 찾아올 거예요. 하지만 그런 마음이 올라올 때마다 의식적으로 알아차리고 어떤 두려움과 불안에서 이 조급함이 만들어졌는지 찾아보세요.

산이나 공원처럼 자연에서 산책하는 것도 좋아요. 고요히 자연을 관찰하면 삶을 신뢰하고 내 속도를 찾는 데 도움이 되거든요. 추운 겨울이 지나면 언제나 따뜻한 봄이 오고 가장 어두운 새벽이 지나면 늘 밝은 해가 떠올라요. 나무는 비교하지 않고 자신의 속도대로 꽃을 피우고 열매를 맺고 작은 씨앗 하나도 자신의 속도에 맞게 싹을 틔우고 자라나죠. 가을에 피는 코스모스는 봄에 피는 벚꽃을 보며 더 빨리 꽃을 피워야겠다고 조바심 내지 않고 벚꽃은 코스모스보다 빨리 꽃을 피웠다고 우쭐하지 않아요. 각자 자기 갈 길을 가죠.

내 삶의 주권을 찾아가는 여정이 평탄하지는 않겠지만 로하가 내린 버스 안의 삶과 같지도 않을 거예요. 자신이 그렇게 되도록 이제는 스스로 가만두지 않을 거잖아요. 그러니 불안한 마음을 달래며 새로운 길을 걷기 시작한 나를 응원해줘요. 그리고 약속해주세요. 로하가 자신의 가장 좋은 친구가 되겠다고요. 내 몸과 마음의 소리를 가장 잘 듣고, 가장 먼저 돌보겠다고요. 오늘 밤에는 앞으로 로하의 건강한 몸과 마음과 함께 로하가 해낼 수많은 일을 마음껏 상상하며 편안하고 깊은 잠에 들길 바라요. 알로하, 환영과 축복의 인사를 보냅니다.

26

빠르게 변하는 세상에서
나만의 속도로
가고 싶어요

Q 트렌드를 따라가지 못하는 제가 한심하게 느껴져요

현재 직장을 쉬고 있는데 모든 게 급변하는 세상에서 나는 그대로인 것 같아 불안해요. 소셜미디어나 자기계발을 잘하는 유튜버를 보면 '어떻게 해서 월에 얼마를 벌었다' '이렇게 시간 관리를 해서 이런 성공을 했다' '노션을 활용해 하루하루 구체적으로 계획하고 살아야 한다' 같은 이야기를 하잖아요. 물론 다 맞는 말도 다 틀린 말도 아니겠지만 저렇게 해야지만 성공할 수 있겠다는 생각이 들고 그런 트렌드에 휩쓸려 내 생각을 하지 못하는 것 같아요. 그렇게 열심히 살지 않는 나를 탓하기도 하고 스스로가 한심하게 느껴지기도 해요.

　나한테 기회라는 게 올까 싶어요. 사람들은 기회를 잡으려면 노력해야 한다고 하는데 그 말이 틀린 게 아니라는 걸 알면서도 다 피로하고 버겁게 느껴지네요. 저는 어떻게 하면 좋을까요? _소피

내가 원하는 삶의 모습을 먼저 그려보세요

우리는 정말 어지러울 정도로 변화가 빠른 세상에 살고 있어요. 소셜미디어에 전시되는 장면은 그중에서도 맨 앞의 것이라 지금 내 삶과의 격차가 도무지 가늠도 되지 않죠. 오늘 하루를 살기도 쉽지 않고 오늘 하루의 마음조차 복잡하기만 해요. 소피처럼 심란한 마음, 한숨이 나오는 순간이 없는 사람이 있을까요?

자기계발과 시간 관리를 잘하고 자기 브랜딩을 해 나를 홍보하는 일이 너무 당연해진 시대예요. 이게 정답이라는 이야기에 둘러싸여 있으면 왠지 더 불안해지고 '나도 따라 해야 하지 않나' 하는 생각이 들 수 있죠.

사실 우리는 태어나면서부터 사회의 속도에 맞춰 살아야 한다고 알게 모르게 주입받아왔어요. 너무 당연하게 그렇게들 사니까 알아차리기 힘들었을 뿐이죠. 나이에 맞춰 학교에서 정규교육을 받아야 하고 학교에 다니면서는 취업을 위한 스펙을 쌓아야 하고 취업한 후에는 남에게 뒤처지지 않게 승진하고 연봉도 올려야 하고 어느 정도 돈을 모으면 결혼을 하고 집을 장만하고 아이를 낳아야 하고⋯. 주어진 때에 맞춰 해야 하는 일의 목록은 끝이 없어요. 이렇게 가득한 목록이 빠르게 변하는 사회에서는 자기 속도로 가기보다 나와 남의 속도를 비교하기 쉬워요.

운전을 배울 때 옆 차선 차가 나보다 훨씬 빠른 속도로 달리면 왠지 내가 너무 늦게 달리는 것 같아 조급해질 때가 있잖아요. 왠지 내가 도로 흐름에 방해가 된다고 느껴져서 초보임에도 무리해서 속도를 내며 달릴 때가 있죠. 우리가 사는 사회의 모습도 비슷한 것 같아요. 대부분이 사회에서 주입받은 삶의 속도에 맞춰 달리고 있으니 내 속도로 걷고 있으면 나만 여유를 부리는 것처럼 느껴지고 이러다 왠지 뒤처질까 걱정돼 결국 나에게 벅찬 속도로 달리고 말아요.

주입받지 않은, 내가 원하는 삶의 모습은 무엇인가요?

스마트폰과 소셜미디어는 더 열심히 살아야 한다는 강박을 증폭하고 있어요. 시대가 요구하는 빠른 속도가 자신과 잘 맞아 성공을 이룬 사람은 자신의 성공을 일반화하며 책을 내고 유튜브에 나와 그 성공담을 이야기해요. 이런 이야기는 "왜 너는 나처럼 못해!"라는 압박이 돼 우리를 더 조급하게 만들기도 하죠. 소피가 느끼는 불안도 이런 비교에서 싹트고 있는 거예요.

예전에는 타인이 어떻게 사는지 구체적인 모습을 볼 수 없었지만 이제는 소셜미디어로 전 세계 사람이 어떻게 사는지 관찰하고 자신의 삶과 비교할 수 있어요. 마치 기업이 제품을 만들고 마케팅하듯 개인이 소셜미디어를 통해 자기 삶을 포장하고 전시하는 시대예요.

이를 보는 사람들은 자기 삶의 가장 평범하고 하찮은 부분과 아주 잘 편집되고 마케팅된 타인의 삶을 비교하며 존재하지도 않았던 결핍을 느끼기가 쉬워요. 소피가 자기관리를 잘하는 사람의 영상을 보며 결핍을 느끼고 불안을 느끼는 것처럼요.

자, 이제 몇 가지 묻고 싶어요. 소셜미디어가 이야기하는 성공과 기회는 소피가 원하는 건가요? 소피가 원하는 삶은 어떤 모습인가요? 그 삶에 필요한 건 뭔가요? 아주 구체적이고 현실적으로 소피의 답변을 적어보세요.

예를 들어 저는 지금보다 큰 성공도, 기회도 기대하지 않아요. 일주일에 한두 번 동네 도서관 여행과 책방 나들이, 가까이 사는 지인과의 편안한 대화, 종종 영화나 전시, 공연 관람 등의 문화생활, 수입은 적지만 좋아하는 일을 하며 만난 인연과 느슨하게 소통하는 순간을 즐기는 지금이 충분히 편안하고 행복해요. 제 삶에 필요한 것에는 큰 돈이 필요하지 않아요. 그래서 세상의 변화와 두려움에 흔들리다가도 '트렌드를 쫓다가 이미 누리고 있는 오늘의 기쁨을 놓치지 말아야지' 하고 중심을 잡아요.

소피는 어떤가요? 이 질문에 답하기 어렵다면 지금부터라도 답을 찾는 여정을 시작하길 바라요. 이미 답을 알고 있거나 찾게 된다면 그에 따라 다음 행동을 결정하면 되고요.

세상에는 맨 앞에서 신나게 변화의 파도를 일으키는 사람도 있고 변화의 파도 한가운데서 멋지게 서핑보드를 타는 사람도 있고 모래사장 파라솔 아래 누워 '파도 참 좋다' 감탄하며 책으로 시선을 돌리는 사람도 있어요. 자신이 원하는 곳에 있다면 모두 저마다 즐거워요.

조건 지어진 인식을 벗고 자유롭게 상상해봐요

우리가 지금 너무 당연하게 '진리'라고 여기며 떠받드는 삶의 방식, 많은 사람이 좋다고 여기는, 성공했다고 말하는 삶의 방식이 유일한 방식은 아니에요. 역사학자 유발 하라리Yuval Harari는 우리가 '특정 규범과 가치 체계, 특정한 경제·정치 질서에 지배받는 특정 세계에 태어났고 그 결과 주변의 현실을 자연적이고 불가피한 것으로 받아들인다'라고 이야기해요. 지금 삶의 방식이 '유일한 가능태'라고 생각하는 거죠.

하지만 하라리는 '우리가 아는 세계가 사실은 역사적으로 우연한 사건의 결과물이라는 사실, 그것들이 우리의 기술, 정치, 경제뿐만 아니라 심지어 우리가 생각하고 꿈꾸는 방식까지 조건 짓는다는 사실을 인식해야 한다'고 강조해요. 우리가 너무 당연하다고 여기는 게 사실 당연하지 않으며 조건 지어진 것일 뿐임을 인식할 때 우리는 더 자유롭게 상상하고 생각하며 더 많은 가능한 미래를 볼 수 있다는 거죠.

다양한 삶을 보고 싶다면 다큐멘터리나 책을 통해 완전

히 다른 방식으로 살아가는 사람의 삶을 만나보는 것도 좋아요. 나를 불안하게 하는 것에서 벗어나 일상에서 잠시 단절의 시간을 가져도 좋고요. 일정 기간 소셜미디어 앱을 지우고 오프라인에서 다양한 사람을 만나고 철학자의 책을 읽기도 하면서 시간을 보내보는 거죠.

조급함을 느끼거나 내 속도로 살지 못하고 있다고 스스로를 탓할 필요는 없어요. 우리가 이렇게 조건 지어진 이유는 속도와 결과로 평가받는 21세기에 태어났기 때문이니까요. 하지만 앞으로 어떤 속도로 살아갈지는 내가 결정할 수 있어요.

단순히 느리게 사는 게 좋다고 이야기하는 건 아니에요. 인생의 어떤 시기에는 빠르게 달려야 할 수도 있고 가끔은 아예 누워서 쉬어야 할 수도 있어요. 중요한 건 주변에 휩쓸리려는 내 마음을 알아차리고 그때마다 지금 이 속도가 내게 맞는지 물어봐주는 거예요. 내게 맞는 삶의 속도는 오직 나만 알 수 있으니까요.

원하지 않는다면 열심히 살지 않아도, 변화를 쫓아가지 않아도 돼요. 소피의 인생입니다. 소피가 편안하고 즐겁다면 충분해요. 적당히 먹고살 수도 있어요. 자신이 뭘 원하는지 잘 모르면서 열심히 달리는 사람들은 행복을 불확실한 미래로 미루지만, 내가 이미 가진 것에 감사하며 산다면 오늘의 행복을 확실하게 누릴 수 있어요.

자, 이제 정말 소피가 대답할 차례예요. 세상은, 다른 사람은 자기 길을 자기 속도로 갈 거예요. 소피는 어떤 삶을 원하나요? 소피의 길은, 소피의 속도는 어떤 거예요? 오래 머무를 가치가 있는 질문이에요. 그러니 충분히 시간과 정성을 들여 찾아보고 그 길을 가세요. 응원을 보내요.

스스로 결정하는 힘을
갖고 싶어요

Q 다른 사람의 조언을 지나치게 찾아다녀요

어렵거나 힘든 일을 마주했을 때 고민하고 결단하는 힘이 너무 부족한 것 같아요. 결정해야 할 일이 생기면 가족, 친구부터 시작해 회사 동료, 온라인 커뮤니티에까지 고민 글을 올리며 조언을 구하거든요.

제가 아닌 다른 사람의 의견을 들으며 위로나 힘을 얻기도 하고 또 제 감정을 합리화하기도 해요. 나 자신에게 확신이 부족해서 제가 겪는 어려움이나 감정조차 다른 사람에게 의견을 묻고 공감을 구하는 게 아닌가 싶어요. 이제는 스스로 결정하는 힘을 기르고 싶은데 어떻게 하는 게 좋을까요? _마루

나에 대한 믿음을 회복하면 결단하는 힘은 저절로 따라옵니다

오늘 뭘 입을지 같은 작은 선택부터 대학에서 뭘 전공할지, 퇴사를 할지 말지 같은 큰 선택까지 우리는 매일 수많은 선택을 하며 살아갑니다. 이렇게 선택을 자주 하지만 사실 그 선택을 찬찬히 살펴보면 의외로 우리가 주도적으로 결정을 내리기 힘들어한다는 점을 알 수 있어요. 내가 정말 입고 싶은 옷을 선택하기보다 사람들에게 멋져 보일 옷을 선택하고, 내가 정말 하고 싶은 일을 하기보다 가장 실패하지 않을 선택을 하고는 최선의 선택을 했다고 위안하죠. 내가 혼자 결정을 내리기 힘드니 다른 사람에게 질문하며 결정을 회피하기도 해요. 그러니까 마루만의 문제는 아니라는 거예요.

왜 우리는 누군가의 의견을 묻고 공감을 구하려 할까요? 인간은 사회적 동물입니다. 밖으로 드러난 행동은 누군가에게 알려지기 마련이고 사람들은 그 행동뿐만 아니라 그 행동을 하는 나도 평가해요. 이를 토대로 내 사회적

평판이 결정되고요. 그러니 어려운 문제일수록, 중요한 일일수록 다른 이의 생각이 궁금해지는 건 자연스러운 일이에요. 합리적인 판단을 내리기 위해 다른 이의 의견을 묻는 건 너무나 중요한 능력이고요. 그 질문을 하는 나도 평가받을 수 있기 때문에 큰 용기가 필요한 일이기도 해요. 내 생각을 인정받고 공감받으면 그걸 적극적으로 추진할 자신감을 얻기도 하죠. 그렇기에 마루의 질문하는 행동은 대부분의 상황에서 좋은 습관에 가깝습니다.

다만 이제는 질문에 앞서 내 생각을 먼저 충분히 정리하는 과정을 거쳐보세요. 현재 상황과 내 선택, 선택에 이어지리라 예상되는 결과를 구체적으로 써보는 거죠. 그리고 그걸 토대로 다른 사람을 설득한다는 마음으로 질문해보세요. 남에게 질문하기에 앞서 내 생각을 명확히 하면 질문은 다른 사람의 대답을 따라가거나 휩쓸리는 행위가 아니라 내 생각을 보완하고 개선하는 중요한 과정이 될 수 있을 거예요.

다만 마루가 받아들여야 할 것이 있습니다. 누군가의 조언에 전적으로 따르기로 했다 하더라도 '그렇게 하기로 선택한 것'은 마루라는 사실입니다. 선택의 결과는 마루가 책임져야 할 테니까요. 내 생각을 중심에 두고 다른 의견을 선택지로 펼쳐놓은 후 그중에 내가 원하는 것, 내가 할 수 있는 것을 선택하면 됩니다.

나를 믿는다는 것

자, 이제 좀 더 근원적인 이야기를 해보기로 해요. 우리가 능동적인 결정을 내리지 못하는 가장 큰 이유는 뭘까요? 스스로에게 믿음이 부족하고 내가 정말 원하는 게 뭔지 모르기 때문이에요. 어린 시절 내 의견이 자주 묵살되거나 다른 누군가의 눈치를 자주 봐야 하는 상황이 반복되거나 내가 한 결정으로 감당하기 어려운 큰 피해를 본 경험이 있는 경우 나 자신의 목소리를 알아차리기도, 믿기도 어려울 수 있어요.

그럼 나를 진정으로 믿어준다는 건 뭘까요? 우리는 대부분 조건적으로 자신을 믿는 데 익숙해요. 시험을 잘 보거나 어딘가에 합격했을 때 혹은 원하던 결과를 얻었을 때 우리는 목표를 이룬 스스로를 자랑스러워하며 나를 믿는다는 착각에 빠지죠. 하지만 진정한 자기신뢰는 성취나 목표 달성을 필요로 하지 않아요.

자기신뢰는 조건 없이 내 존재를 긍정하는 일에서부터 시작해요. 자기를 신뢰하는 사람은 사회 혹은 타인의 평가에 개의치 않고 마음속 깊은 곳에서 우러나오는 목소리를 듣고 자신의 길을 걸을 수 있어요.

미국 사상가 랄프 왈도 에머슨Ralph Waldo Emerson은 저서 《자기 신뢰》를 통해 '우리가 자신에 대한 신뢰를 잃어버리는 가장 큰 원인은 사회며 사회는 구성원의 자기신뢰를 혐오한다'고 이야기해요. 에머슨이 살았던 시기에서 200여 년이 지났지만 사회는 여전히 우리에게 사회가 정한 기준에 맞춰 '올바른 삶' '타인에게 잘 보여질 수 있는 삶'을 살라고 말하죠.

여러 번 강조했듯 사회의 기준에 맞춰 살아간다는 건 나만의 고유한 재능과 기질을 살리기 어렵다는 뜻이에요. 운 좋게 사회에서 인정하는 기준과 내 재능이 일치하는 경우도 있지만 대부분은 자기 재능이 뭔지 발견할 기회를 얻지 못하고 '왜?'라는 질문을 할 겨를도 없이 사회가 정해놓은 기준과 질서에 맞춰야 정상이라고 주입받으며 어른이 돼가요.

　사회 기준에 맞추는 법을 익히는 대신 우리는 내면의 목소리를 듣고 그 목소리를 따르는 방법, 즉 나를 신뢰하는 방법을 잊어버려요. 사회가 일방적으로 정한 기준에 미달하거나 가족의 기대를 실망시키면 자신에 대한 믿음은 점점 더 약해지죠. 이런 상황에서 어떤 사람은 더 열심히 노력해 어떻게든 사회 기준에 맞추고 타인의 기대를 충족하기 위해 안간힘을 쓰기도 합니다. 이들에게는 결과가 가장 중요하므로 과정에서 느끼는 의미와 즐거움은 사라지고 완벽한 결과에 대한 강박이 나타나기도 하죠. 또 다른 사람은 인생의 너무 이른 시기에 무기력해지며 가능성을 미처 탐색해보지도 못한 채 뭘 해도 못할 거라는 학습된 무력감에 빠져버리기도 해요.

　하지만 우리가 현재 위인으로 칭송하는 많은 사람 중 다수는 사회적 통념을 거부하며 자신의 목소리를 따라 삶을 살다 간 사람이었고 이들은 언제나 많은 오해를 받았어요. 에머슨은 피타고라스도, 소크라테스도, 예수도, 마르틴 루터Martin Luther도, 코페르니쿠스도, 갈릴레오도, 뉴턴도 모두 오해를 받았다고 이야기해요. 이 세상에서 순수하고 현명한 영혼은 다들 그렇게 오해를 받았으니 오해를 받는다는 건 곧 위대하다는 뜻이라고까지 하죠.

자기신뢰의 회복은 사회에서, 타인에게서 오해받고 어쩌면 미움받을 수도 있음에도 내 내면에서 들려오는 순수한 목소리의 힘을 믿는 거예요. 사회가 주입한 옳음의 이분법적 기준은 너무 강력하고 무의식 깊숙이 새겨져 있기에 우리는 내면의 목소리에 닿기 전에 수많은 잡음을 만날 수밖에 없어요. 이 과정에서 자기신뢰를 포기해버리고 순응하며 사는 삶을 택하기도 하고요. 하지만 그 어떤 기쁨도 나로 살아가는 기쁨을 대체할 수는 없다는 사실을 기억해야 해요.

우리는 너무 오랜 시간 동안 자신을 믿지 못하도록 훈련받았기 때문에 자기신뢰를 회복하기란 쉽지 않아요. 여기에 의심과 불안이 동반될 수 있죠. 자기신뢰를 회복하는 첫걸음은 누구나 꾸준히 노력한다면 내면의 목소리를 들을 수 있고 그 목소리에 따라 살아갈 때 가장 큰 삶의 기쁨을 맛볼 수 있음을 믿는 거예요. 이 믿음이 없다면 회복 과정에서 만나는 의심과 불안의 목소리에 휩쓸려버릴 수 있어요.

누구나 자기신뢰를 회복할 수 있어요

혹시 아주 특별한 사람만 자기를 믿을 수 있다고 생각하고 있진 않나요? 우리 누구에게나 스스로 결정하며 내 삶을 살아갈 힘이 있어요. 단지 그 힘을 아직 발견하지 못했을 뿐이죠. 일상에서 작은 연습으로 나를 믿어주는 힘을 키울 수 있어요. 마루에게 지금 바로 시작할 수 있는 세 가지 방법을 제안할게요.

먼저 **내 생각을 관찰하세요.** 끊임없이 떠오르는 생각 중 진짜 내 내면의 목소리가 뭔지 알기 위해서는 내 생각을 꾸준히 관찰해야 해요. 일기 쓰기나 모닝 페이지 쓰기는 내 생각을 관찰하는 좋은 방법이에요. 명상 역시 무의식적으로 떠다니는 생각을 관찰할 수 있는 좋은 방법이에요. 나를 의심하고 불안하고 자책하는 마음이 떠오를 수도 있어요. 그럴 땐 판단하지 말고 '내 마음속에 이런 불안과 자책이 있어서 결정하기 힘들었구나' 하고 알아차리고 보내주세요. 그 마음은 우리 진짜 마음이 아니니 알아차려주면 더는 머물지 않고 사라질 수 있어요.

다음으로는 매일 작은 성공을 연습하세요. 매일의 작은 성공이 쌓여 나를 믿어주고 긍정하는 힘이 돼줄 거예요. 아침에 이불 개기, 물 마시기, 매일 감사 일기 적기 등 5분 이내로 할 수 있는 쉬운 리추얼을 시작해봐요. 작은 성공 경험이 쌓이다 보면 나에 대한 자신감과 믿음도 점점 쌓일 거예요.

마지막으로 아주 작은 일부터 나만의 기준을 만들고 실행해보세요. 너무 당연하게 받아들이던 일에 의문을 제기하는 데서부터 시작해도 좋아요. 아주 사소한 거라도 상관없어요. 새벽 5시에 일어나는 것은 일찍 일어나는 거라는 사회 통념이 있다면 아침 9시에 일어나는 게 내 기준의 미라클 모닝이라고 정의 내려보는 식이죠. 이 세상에 그 무엇도 당연한 건 없다는 사실을 기억해야 해요.

때때로 나를 신뢰하는 연습을 하는 과정에서 내 선택을 후회하게 될 수도 있어요. 입고 나간 옷은 불편하고 어렵사리 결정한 점심 메뉴는 영 맛이 없어 별로라는 생각이 들 수도 있죠. 하지만 앞서 말했듯이 선택은 오롯이 내가 내렸다는 사실을 떠올리세요.

이런 선택과 후회를 통해 우리는 실패가 멈춰 있는 경험이 아니라 배울 수 있고 변화하는 경험임을, 스스로에게 결과에 대처할 힘이 있음을, 여전히 삶은 흘러간다는 감각을 배울 수 있어요. 그리고 이렇게 쌓인 작은 경험으로 내게 선택할 힘이 있다는 것과 나를 좀 더 믿어줘도 괜찮다는 감각을 배울 수 있죠.

작은 결정으로 얻은 자신감을 바탕으로 더 큰 결정을 내리는 연습을 해도 좋아요. 새로운 취미를 시작하거나 새로운 모임을 시작해볼 수도 있고 평소 고민하던 일을 조금은 과감하게 선택해볼 수도 있어요. 주도적이고 의식적인 선택이 하나둘 모이다 보면 인생의 방향도 우리가 원하는 쪽으로 조금씩 변해간다는 걸 느낄 수 있어요. 자기신뢰를 회복하는 과정은 길고 지루할 수 있지만 나를 믿고 내 목소리를 따라 사는 삶은 그 어떤 성취보다 더 큰 만족감을 줄 거예요. 그러니 바로 지금부터 나를 신뢰하는 연습을 시작해보면 어떨까요?

끝으로 마루, 잊지 마세요. 이미 마루는 선택하고 책임지며 살아내고 있습니다. 내가 해낸 오늘까지의 크고 작은 수고와 성취를 공감하고 인정해주길요. 응원을 보내요.

무기력에서 벗어나 새로운 목표를 찾고 싶어요

Q 원하던 걸 얻었는데 왜 행복하지 않을까요?

좋은 학교를 졸업하고 원하는 회사에 들어갔습니다. 일은 재밌었고 나름의 목표가 있었기에 그 누구보다 열심히 노력해 어린 나이에 파트너가 됐습니다. 파트너가 된 후에는 일한 만큼 보상도 받고 경제적으로도 풍족해졌어요.

사실 그 어느 때보다 행복해야 하는 상황인데 아이러니하게 열심히 노력해서 성취해낸 모든 게 허무하고 무의미하게 느껴집니다. 마음이 변하니 예전에는 그렇게 재밌던 일도 재밌게 느껴지지 않고 성과도 점점 떨어집니다. 그렇다고 지금까지 노력해 성취한 일을 포기할 수도 없어 답답해요.

어떻게 이런 무기력한 상태에서 벗어날 수 있을까요? 삶의 목적이 뭔지 또는 어떻게 새로운 목표를 찾을 수 있을지 조언을 부탁드립니다. _구름

중심에서 밀려났던 내 안의 욕구에 나를 다시 움직일 비밀이 숨어 있어요

구름, 안녕하세요. 먼저 축하해요! "누구보다 열심히 노력해" 젊은 나이에 성공에 이르렀단 걸요. 구름은 분명 정확한 목표를 세우고 많은 시간과 에너지를 집중 투자해 지금에 이르렀겠죠.

구름의 성취는 결코 무의미하지 않습니다. 많은 사람이 원하는 길이라 경쟁이 아주 치열했을 텐데도 구름이 최선을 다했기에 얻은 결과죠. 구름의 질문에 답하기에 앞서 오늘까지의 구름에게 감탄과 존경의 박수를 보냅니다.

고민 글에 구체적으로 드러나 있지는 않지만 구름이 지금 느끼는 마음은 '소진'이라기보다는 '권태'에 가까운 것 같아요. 마음이 오래 참고 버티다 닳고 지친 게 아니라 어느 순간 집중력과 추진력을 잃고 표류하는 배처럼 방향을 잃은 듯해요.

사회적, 경제적 성취에는 명확한 상한선이 있지도 않고 인생은 수년 정도를 몰아치면 끝나는 단거리경주도 아니에요. 삶의 방향은 하나가 아니라 일과 관계 속에서 끊임 없이 변화해요. 구름이 세차게 달려온 끝에 어느 정도 만족할 만한 지점에 도달했다면 권태는 너무나 자연스럽게 느끼는 감정이에요. 우리는 결핍 혹은 욕구에 의해 움직이는데 구름은 지금 그게 충족돼 동력을 잃은 거예요.

구름의 나이가 어리다고 했으니 인생을 4쿼터의 농구 경기로 봤을 때 지금은 1쿼터쯤 끝난 후의 작전타임이라고 할까요? 1쿼터에는 '성취'라는 작전을 아주 성공적으로 수행해냈어요. 아주 좋습니다. 작전타임에 해야 할 일은 다음과 같아요.

첫째로는 회복과 회고예요. 경기를 뛰며 사용한 몸과 마음을 잘 쉬게 하면서 1쿼터가 어땠는지, 뭘 잘했고 뭐는 아쉬운지, 지금의 경기 상황과 내 상태는 어떤지 잘 정리하는 거죠.

이 시간은 너무나 중요해서 충분한 시간과 정성을 들여 보내야 해요. 구름이 잘하는 달리는 능력과는 정반대의 멈추는 능력이 필요하니 특히 어려울 수도 있겠네요. 이때는 지금처럼 무기력하거나 혹은 우울하거나 불안한 마음을 단번에 극복하는 게 아니라 잘 달래면서 함께 머물러야 하거든요.

둘째로 과거의 내가 아니라 지금 내 안의 욕구를 살펴야 해요. 지금까지 중심을 뒀던 사회적, 경제적 성취 욕구 외에도 친밀한 관계의 욕구, 나만을 위한 배움과 즐거움의 욕구, 건강과 활력을 위한 신체 활동의 욕구, 이웃과 사회에 기여하고픈 욕구 등 그동안 구름의 중심에서 밀려나 있거나 억눌렸던 부분이 있을 거예요. 막연하게 들린다면 구름이 지금의 성취에 이르기 위해 스스로에게 참으라고, 쓸데없는 생각 말라고, 포기하라고 했던 것에 단서가 있을 수 있어요. 왜 중요하지 않다고 생각해서 미룬 욕구가 중요하냐고요? 그게 구름을 다시 움직이게 할 힘이 될 테니까요.

내 욕구로 나만의 기준을 만들어봐요

자, 이제는 구름의 기준을 만들 차례예요. 그동안 구름은 사회에서 생각하는 성공을 향해 열심히 달려왔잖아요. 그걸 성취해보기도 했고 성취 후 왠지 모를 허무함을 느끼기도 했죠. 지금까지는 구름이 사회에서 생각하는 성공 기준을 따라 달려왔다면 이제부터는 구름 스스로 생각하는 성공 기준에 따라 움직일 차례예요.

성공을 이야기할 때 우리는 너무 쉽게 외부 기준에 휩쓸려요. 신문, 방송, 소셜미디어에서 보이는 성공 기준과 이미지는 별다른 필터 없이 내 성공 기준이 되고 성공한 사람을 떠올릴 때면 더 많은 돈과 더 높은 지위, 누구에게나 잘 알려진 명예 같은 외적 기준을 쉽게 이야기하죠. 사회는 더 많고 높은 외적 기준을 달성한 사람에게 성공한 사람이라는 꼬리표를 붙여주니까요.

그럼 이제 질문을 조금 바꿔볼게요. 구름이 생각하는 성공한 인생의 기준은 뭔가요? 더 많은 돈과 인기, 사회적으로 높다고 여겨지는 지위를 가졌다는 이유만으로 그 사람의 인생 또한 성공한 인생이라고 할 수 있을까요?

사회에서 이야기하는 성공 기준에 휩쓸리지 않고 자신만의 성공 기준을 갖기란 쉽지 않아요. 일단 주변에서 자기만의 성공 기준으로 살아가는 사람의 사례를 찾기도 어려울뿐더러 종종 있어도 다수가 추구하는 '진짜 성공'을 하지 못한 사람의 자기위안으로 왜곡되거나 "저건 진짜 성공이 아니야"라며 평가절하되기 쉬우니까요.

여기서 진실은 '인간은 각자 고유한 자신만의 개성을 갖고 세상에 태어난다'는 거예요. 어떤 개성은 시대와 잘 맞아떨어져 상대적으로 노력에 비해 쉽게 돈을 벌거나 유명세를 얻게 할 수도 있어요. 하지만 동시에 어떤 개성은 시대 흐름과는 잘 맞지 않아 그것만으로는 아무리 열심히 노력해도 사회적으로 이야기하는 큰 성공을 이루기 어려울 수도 있죠.

중요한 건 각자 개성을 인정하고 자기에게 알맞은 성공이 뭔지 그 기준을 세우는 거예요. 하지만 대부분은 자신만의 기준을 세우는 대신 세상이 이미 만들어놓은 기준과 가치에 자신을 맞추기 위해 애를 쓰며 진짜 내 모습을 잃어버리죠.

지금까지 구름은 어떤 기준으로 성공을 평가했나요? 그 기준이 내 가치관 그리고 내 개성을 잘 반영한 나의 성공 기준인가요? 아니면 다수가 좋다고 이야기하고 다수에 의해 만들어진 성공 기준을 별생각 없이 그냥 받아들여 내 것인 양 생각했나요?

모든 가능성을 열어두고
살아온 길도 살아갈 길도 존중해주세요

작전타임을 마친 구름이 2쿼터를 어떻게 보낼지에 대해 모든 가능성을 열어두면 좋겠어요. 기존 방향과 속도를 그대로 유지할 수도 있고요, 방향을 유지한 채 전략적으로 속도를 조절하며 주변을 더욱 풍요롭게 할 수도 있어요. 완전히 새로운 방향으로 전환할 수도 있고 아무것도 하지 않은 채 힘을 빼고 둥둥 떠내려가볼 수도 있겠죠.

구름으로 살아본 사람도 구름밖에 없고 구름으로 살아갈 사람도 구름밖에 없어요. 그러니 구름이 살아온 길을 존중해주세요. 그리고 앞으로 구름이 할 선택도 믿어주세요. 검게 두텁게 하얗게 가볍게 비를 가득 담거나 쏟아내기도, 햇살에 빛나거나 무지개를 품기도, 풍성해지거나 사라지기도 하는 하늘 위 구름처럼 다양한 모습으로 자유롭게 자신의 길을 가세요. 구름의 삶을 응원해요. 제 답변이 구름에게 쉼과 회복, 새로운 시작을 위한 약간의 힌트 혹은 작은 계기가 될 수 있길 바라봅니다.

저에 대한 확신을
갖고 싶어요

Q 어떤 일에도 성취욕이 생기지 않아요

서른두 살 직장인입니다. 콜센터에서 아르바이트를 시작해 고객 상담 부서에서 근무하다가 웹디자이너로 직업을 바꿨어요. 디자이너가 되고 싶었던 건 아니고 친구 추천으로 학원에서 디자인을 배워 취업했습니다. 그런데 최근 이 길이 맞는지 고민이 커졌습니다. 감각이 좋은 편이 아니라 학원이 알려준 스킬대로 꾸역꾸역 디자인하고 있다는 생각이 듭니다. 고객의 전화를 받던 순간보다는 마음 편하지만 계속 제 일에 의심이 들어요.

사실 저는 되고 싶은 것도, 하고 싶은 것도 없습니다. 그래선지 저에 대한 확신이 아무것도 없는 것 같습니다. 그렇다고 다른 직업을 찾기엔 나이도 많고 용기도 나질 않아요. 무기력증인가 싶을 정도로 어떤 일에도 성취욕이 없습니다. 아직 먹고살 날이 많은데 미래가 너무 걱정됩니다. 친구들은 벌써 승진했는데 저는 여전히 신입이라 더 그런 것 같아요. 이런 걱정이 머릿속을 맴도니 일도 손에 안 잡히고 밤에 잠도 잘 안 옵니다. _타라

나만의 성공을 만들어가세요

안녕하세요, 타라. 어쩌다 보니 하게 된 일이 내 길이 맞는지, 내 길이 아니라 해도 딱히 하고 싶은 일이 없는데 이래도 되는지, 어쩌면 내 인생이 이렇게 천천히 망하고 있는 건 아닌지 자꾸 걱정이 되나 봐요. 이 마지막 문장은 제 상상인데 타라가 읽기에는 어떤가요? 그 정도는 아닌가요, 아니면 딱 맞나요? 혹은 그 사이 어디쯤?

알쏭달쏭한 물음표로 답변을 시작해봐요. 꼭 우리 인생 같지 않나요? 불쑥불쑥 이게 맞나 싶은, 정말 알 수 없는 인생 말이에요. 먼저 고백하자면 타라의 고민, 저도 하고 있어요. 지금 하는 일로 50, 60에도 먹고살 수 있을까? 모르겠거든요. 지금 먹고살 수 있다는 데 감사하다가도 이대로 괜찮을까, 미래를 좀 더 준비해야 하는 것 아닐까 문득 불안해져요. 저도 한 우물만 파는 사람이 아니라 그럴까요? 아니더라고요. 수십 년 외길 인생 선배에게도 미래는 똑같이 두려운 거래요. 그러니 타라의 걱정은 아주 자연스러운 일입니다.

되고 싶은 것도 하고 싶은 것도 없던 타라를 아르바이트 경험을 살려 고객센터 부서에서 일하게 하고 학원에서 디자인을 배워 취직하게 한 것도 걱정의 힘이에요. 그러니 걱정해도 됩니다. 지금 유독 그 걱정이 많이 올라오는 건 아마도 새로 시작한 일에 익숙해지면서 여유가 생긴 탓이겠죠. 한번 타라의 일상을 살펴보세요. 근무할 때의 긴장이라든지, 평일 저녁과 주말의 피로감이 덜해지지 않았나요? 그래서 다시 타라에게 있던 미래를 준비하려는 불안이 힘을 얻은 거죠. 불안이 부정적 감정과 신체적 긴장으로만 쌓이면서 타라의 귀한 낮과 밤을 좀먹고 있는 상황에 변화가 필요해 보이네요.

남과 같은 걸 욕망하지 않아도 괜찮아요

타라는 자신이 "성취욕이 없는 것 같다"라고 표현했어요. 일에 집중하고 커리어를 쌓는 친구들과 비교하니 더욱 뭔가 부족하다는 느낌을 받는 것 같아요. 우리가 자주 헷갈리는 단어 중 하나가 '다르다'와 '틀리다'입니다. 다수와 다른 방식을 선택하는 사람에게 우리는 너무도 쉽게 '다르다'가 아닌 '틀리다'라는 딱지를 붙여요. 일반적으로 다수가 선택하는 방식은 '옳은 것' 그리고 '성공적인 것'이라 평가되죠. 하지만 삶을 살아가는 데 한 가지 방식만 존재하진 않아요. 100명의 사람이 있다면 100가지 다른 가치관과 삶의 방식이 존재하는 게 당연한데 대부분 '내 길'이 아닌 '다른 사람이 가는 길'을 가려고 애쓰며 살아갑니다.

인생의 중심을 일에 두고 성취욕을 쫓아 사는 삶은 평균도 아니고 정답도 아닙니다. 그저 삶의 한 형태죠. 지금 타라에게 맞는, 원하는 모습이 아닐 뿐입니다. 타라의 무욕의 역사와 앞으로의 변화 가능성은 알 수 없으니 옆으로 치워두고 일단은 지금 타라의 무욕을 인정해줍시다. 그대로 존중해줍시다. 성취욕이 없어도 괜찮다고요. 아무 문제없습니다. 무기력증도 전혀 아니고요. 고민 글만 봐도 타라는 근심, 걱정과 상관없이 성실하게 일하며 일상을 살아내고 있습니다.

《월든》의 저자 헨리 데이비드 소로Henry David Thoreau는 '나답게 살아가는 삶'을 보여준 대표적인 사상가인데요. 지금부터 200여 년 전에 살았던 소로는 하버드대학교를 졸업했습니다. 마음만 먹으면 세속적인 성공을 거둘 수 있는 조건이었지만 다른 사람처럼 돈과 명예를 쫓으며 살아가는 삶에 깊은 회의를 품고 자신만의 방식으로 삶을 살아가기로 결심했어요. 바구니를 남이 살 가치가 있게 만드는 방법을 연구하는 대신 어떻게 하면 팔지 않아도 되는지 연구하기로 한 거죠.

그는 사람들이 칭찬하고 성공적이라고 여기는 삶은 여러 가지 살아가는 방식 중 하나일 뿐 그것을 과대평가하며 따를 필요가 없다고 이야기해요. 사람들은 대부분 바구니를 어떻게 잘 팔리게 만들지, 타인이 사고 싶은 바구니를 어떻게 만들지에만 관심을 갖지, 정작 자신이 만들고 싶은 바구니가 뭔지는 생각해보지 않아요. 하지만 소로는 남들의 관심과는 상관없이 자신에게만은 의미 있는 걸 만들고자 했어요. 그래서 물건을 판매하는 대신 물건 없이도 살 수 있는 방법을 연구한 거죠.

그 방법 중 하나는 숲속에서 홀로 생활하는 것이었어요. 소로는 월든 호숫가에 직접 통나무집을 지어요. 농사를 짓고 최소한의 재료로 빵을 만들어 먹으며 자신이 생각한 삶의 방식을 실험해보는 시간을 가졌죠.

나만의 성공을 만들어가면 돼요

소로는 2년간의 숲속 생활 후 또 다른 삶을 실험하기 위해 숲에서 나와요. 그리고 호숫가 실험을 통해 '사람이 자기 꿈의 방향으로 자신 있게 나아가며 자기가 그리던 생활을 하려고 노력하면 보통 때는 생각지도 못한 성공을 맛보게 된다'는 점을 배웠다고 말하죠.

여기서 그가 이야기하는 성공은 세속적 성공이 아닌 자기 인생에 대한 승리예요. 그 누구보다 생을 깊이 살며 인생의 모든 정수를 경험하는 것, 인생의 본질적 사실과 직면해 배움을 얻고 자기 인생의 참된 주인으로 살아가는 게 소로가 생각한 진정한 성공이었으니까요. 그것이 타인이 정의한 성공과는 다르더라도 괜찮아요. 한 사람 한 사람에게는 자신만의 가치와 인생이 있으니까요.

타라도 타라만의 성공을 이루고 있어요. 고객 서비스 경험과 디자인 기술을 가진 멀티 플레이어가 됐으니까요. 30대 중후반이나 40대에도 디자인을 하고 있을 수 있지만 제품 기획과 온·오프라인 판매로 일을 확장할 수도 있겠죠. 제 부족한 상상력 밖에 있는 다른 직무 경험을 하고 있을지도요. 타라는 집중력을 발휘한 폭발적인 성과를 내는 스페셜리스트는 아니어도 여기저기 활용도가 높은 제너럴리스트로서의 커리어를 쌓고 있는 셈이에요.

마음을 굳이 잡으려 애쓰지 마세요

어떻게 마음을 잡아야 할지 물었죠. 굳이 잡느라 애쓰지 않아도 됩니다. 그 불안이 자연스럽게 타라가 뭔가를 하게 하는 원동력이 될 거예요. 저는 오히려 일이 아닌 타라의 이야기가 궁금해요. 돈 되는 것 말고요. 숙제같이 느껴지는 것 말고요. 살아오며 어떤 순간이 소소하게 기뻤는지, 책과 영화, 여행, 계절, 음식 등 좋아하는 건 뭔지, 친구들과의 기억과 현재 관계는 어떤지, 건강을 돌보고 신체를 단련하는 건 좋아하는지 같은 거요.

과거에 잘해왔고 현재 무던히 해내고 있고 미래에도 어느 정도 먹고살 수 있는 베이스캠프로서 밥벌이가 기본값이라면 타라는 그 기본값 외의 삶을 어떻게 가꿔가고 싶나요? 타라의 욕구는, 타라의 행복은 거기 있을지도 모릅니다. 찾아볼 마음을 먹고 찾는 데 시간과 에너지를 쓰는 건 타라의 선택이지만요.

두고 보세요. 결과적으로 타라는 세상 어디에서든 1인분을 무던하게 해낼 거예요. 그러니 자꾸 자연스러운 불안을 비정상적이라고 과장해 표현하거나 적은 일 욕구를 부적응으로 매도하는 주위 이야기, 내 안의 속삭임에 너무 흔들리지 마세요. 모두 조금씩은 다 흔들리니까 조금은 흔들려도 되지만 오래 붙들고 있진 마세요. 남들과 같은 리듬으로 움직이지 않아도 괜찮아요. 타라는 남들과는 조금 다른 북소리를 듣고 있는 거니까요.

나를
더 잘 알아가고
싶어요

Q 내 진짜 취향을 찾고 싶어요

주변 친구들에게 '바쁘다 바빠 현대사회'라는 별명으로 불릴 정도로 다양한 취미와 함께 하루하루를 정말 치열하게 살고 있는 회사원입니다. 그러다 최근 '내가 진짜 좋아하는 게 뭐지?' 하는 생각이 문득 들었어요.

내가 어떤 색을 좋아하는지, 어떤 음식을 가장 좋아하는지 나를 잘 모르겠어요. 내가 좋아하는 걸 찾기 위해서, 나를 잘 알기 위해서 어떻게 하는 게 좋을까요? _소이

수많은 가능성 속에서 전념하고 싶은 뭔가를 찾아보세요

먼저 '좋아한다'의 뜻을 생각해봐요. 바쁜 일 틈틈이 다양한 취미를 즐기면서도 '진짜 좋아하는 게 뭐지?'라는 질문에 빠졌다니 그게 어떤 의미일까 생각해봤습니다. 혹시 '확실하게 좋아하는 것 하나가 있는 사람만이 자기가 좋아하는 게 뭔지 아는 사람이고 진짜 좋아하는 일을 할 수 있다' 같은 생각을 하고 있진 않나요?

좋아한다는 건 어떤 경험을 하기 전의 기분 좋은 상상이기도 하고, 하면서 느끼는 짜릿한 고양감이기도 하고, 힘든데도 계속하게 하는 끈기이기도 하며, 성취에서 오는 보람과 기쁨이기도 해요. 즉, 뭔가 좋아한다는 건 사람마다 조금씩 다르게 정의되죠. 그렇기에 이미 좋아하는 게 많은 소이가 뭔가 더 확실하고 새로운 걸 찾아야 하지 않을까 생각하고 있다면 내려놔도 돼요. 그리고 지금 소이가 느끼는 즐겁다는 감정을 믿어주세요. 다양한 즐거움을 추구하는 소이의 스타일을 존중해주세요. 이미 잘 놀고(?),

아니 잘하고 있어요.

그리고 기록하세요. 좋아하는 걸 하나하나 목록으로 만들어보세요. 구체적 경험과 생각과 느낌까지요. 어떤 건 시간과 상황에 따라 모습을 달리하기도 하고 어떤 건 발전해서 사이드 프로젝트나 직업이 될지도 모릅니다. 10대 때부터 계속해온 좋아하는 일들이 있다면 더더욱 시간순으로 적어보세요. 어렸을 적 특별한 보상이나 목적 없이 그냥 좋아서 한 일은 지금의 나를 잘 이해하는 실마리가 돼주기도 하니까요.

하나에 전념한 적 있나요?

이제 조금 다르게 접근해볼게요. 이미 다양한 취미를 즐기고 하루하루 바쁘게 살고 있음에도 내가 정말 좋아하는 게 뭔지 잘 모르겠다는 느낌이 든다고 했죠. 혹시 텅 빈 시간을 가만두지 못하고 뭐라도 해야 한다는 강박에 혹은 수많은 자극에 둘러싸여, '하고 싶어서'가 아니라 '할 수 있기 때문에' 뭔가를 하진 않았나요?

우리가 사는 세계에는 그야말로 수많은 가능성과 기회가 있어서 잠시도 우리를 가만두지 않아요. 누구든 원데이 클래스나 온라인 강의로 새로운 취미를 배울 수 있고 다양한 모임에 참여해 사람들을 만날 수 있어요. 또 그 어느 때보다 여행을 하기도 쉽고 낯선 경험을 하기도 쉬운 세계에 살고 있죠. 사실 우리가 이렇게 '경험의 자유'를 갖게 된 건 아주 최근의 일이에요. 불과 몇백 년 전까지만 하더라도 지금은 당연하게 여기는 직업 선택의 자유, 거주 이전의 자유, 종교의 자유 같은 걸 누리지 못했어요. 대부분 태어난 마을에서 부모에게 물려받은 일을 하며 죽을 때까지 평생을 살아갔으니까요.

태어나면서 결정된 일에 얽매일 필요 없이 새로운 걸 탐색하고 시도해보는 경험, 나답게 삶을 개척해나갈 기회는 분명 큰 해방감을 안겨줬어요. 실제로 우리는 탐색과 경험을 통해 이전에는 몰랐을 새로운 가능성을 탐구하고 내 역량을 알아차리고 즐거움을 느낄 수 있어요.

문제는 탐색 모드가 주는 즐거움과 자극이 우리를 '무한 탐색 루프'에서 빠져나오지 못하게 만들어버릴 수 있다는 데 있어요. 내가 정말 좋아하는 게 뭔지 고민하고 생각하기보다는 끊임없이 탐색만 하며 새로움이 주는 자극에 빠져 정작 내가 정말 좋아하는 것, 하고 싶은 것에서는 나도 모르게 멀어지는 거죠.

피트 데이비스Pete Davis는 저서 《전념》에서 '사람들이 자신이 헌신하고 싶은 일을 선택해 전념하는 대신 끊임없이 탐색 모드에 머무르며 가능성의 상태에 있는 건 우리 시대의 특징적 현상'이라 이야기해요. 우리가 사는 이 시대는 그 어느 시대도 제공하지 못한 수많은 가능성과 선택의 자유를 줬지만 끊임없이 쏟아지는 새로운 것과 뭐든 할 수 있다는 가능성은 우리가 정말 소중한 것에 집중하게 하는 주의력을 빼앗아버렸어요. 뭐든 할 수 있는 세상에서 가능성을 탐색만 한 채 그 무엇도 제대로 하지 못하고 그저 잠시의 경험으로 전부를 안다고 착각하며 쉽사리 포기하거나 만족해버리는 거죠.

수많은 가능성을 포기하고 하나에 전념하는 힘

가능성이 주는 진정한 혜택을 누리고 싶다면 인생의 어느 시점에서 수많은 가능성 앞에 "아니요"라고 이야기하고 한 가지에 전념할 수 있어야 해요. 뭔가에 전념하겠다는 결정은 세상의 수많은 관심사로 향하던 주의를 거둬들이고 내가 정말 아끼고 소중하게 여기는 것에 헌신한다는 뜻이에요. 우리는 뭔가에 헌신하며 주의를 집중할 때 더 깊어지고 위대해질 수 있어요.

지금 소이의 삶을 한번 돌아보세요. 바쁜 하루에 내가 정말 좋아하는 것, 전념하고 싶은 것이 있나요, 아니면 뭐든 할 수 있고 즐길 수 있다는 가능성과 바쁨에 빠져 있나요? 지금 어떤 상태든 괜찮아요. 각자의 때는 다르고 우리는 모두 가능성과 탐색의 시기를 거치며 내게 정말 중요한 게 뭔지 알게 되니까요.

전념하고 싶은 뭔가가 있지만 그것에 집중하기 어렵다면 내가 새로움이 주는 자극에 너무 익숙해진 건 아닌지 돌아보세요. 전념이 주는 깊이는 때때로 지루하고 재미없게 느껴질 수 있어요. 정체된 것 같은 느낌에 빠질 수도 있죠. 하지만 지루함과 권태, 고통 뒤에 오는 성장과 기쁨은 탐색 모드에서 느낄 수 있는 것과는 비교할 수 없는 깊고 넓은 울림을 우리 삶에 가져다줄 거예요. 틱톡이나 릴스가

주는 웃음이 한 편의 감동적인 영화가 주는 울림을 대체할
수 없는 것처럼요.

전념이라는 흥미로운 관점을 소개하느라 탐색하는 삶
의 반대편에 전념하는 삶이 있는 것처럼, 탐색이 전념하는
능력을 잃거나 전념할 기회를 놓치게 하는 것처럼, 전념
하는 삶이 탐색하는 삶보다 우월한 것처럼 말하진 않았는
지 되돌아보게 되네요. 그렇지는 않거든요. 양극단은 언제
나 위험할 수 있어요. 누구에게나 탐색과 전념 사이, 자신
만의 균형점이 있어요. 양쪽을 오가며 경험이 쌓일수록 그
균형점이 변하기도 할 거고요. 지금의 소이는 탐색과 전념
사이 어디쯤 있는지, 소이의 균형점은 어떻게 변화해왔는
지 회고해보는 것도 좋겠네요.

마지막으로 너무 조급하게 생각하진 마세요. 하고 싶은
게 많은 마음, 시간이 모자라고 자는 것도 아까운 마음 십
분 이해해요. 하지만 싫어하는 일만큼 좋아하는 일에도 에
너지가 들어요. 적절한 쉼과 함께 가지 않으면 지치고요.
여러 활동을 신나게 탐색하는 중에도, 뭔가에 전념하는 도
중에도 어느 순간 내가 이 일을 정말 좋아하는 게 맞는지
회의감이 들 수도 있어요. 우리는 끊임없이 변화하는, 배

우고 성장하는 존재니까요. 하지만 그 끝이 어떻든 더 넓고 깊어진 나를 만날 수 있을 거예요. 그러니 소이, 자유롭게 탐색하고 마음껏 전념하고 충분히 휴식을 취하세요. 응원하는 마음 보내요.

이 책의 원고를 다듬기 위해 책상에 앉아 있던 날이었어요. 그날따라 해야 할 일은 많은데 시간은 없고 일정에 맞춰 원고를 수정해야 하니 여간 바쁜 게 아니었죠. 이런 마음으로 책을 잘 다듬을 수 있을까 걱정하며 첫 번째 고민 사연과 답변을 읽는데 원고를 수정하는 걸 잊어버리고 답변 내용에 스스로 위로받고 있는 나를 발견했어요. 그때 문득 그런 생각이 들더라고요. 아, 이 책을 읽는 누군가도 지금의 나처럼 위로받을 수 있겠구나. 그래, 그거면 됐다.

〈밑미레터〉를 보낸 지도 벌써 햇수로 4년에 접어들어요. 사실 처음 〈밑미레터〉를 쓰기 시작할 땐 매번 자괴감이 들었어요. '나도 지키지 못하는 이야기를 이렇게 쉽게 글로 써서 뱉어내도 괜찮은 걸까? 나는 너무 위선적인 게 아닐까? 왜 말과 행동이 따로 노는 걸까?'라는 생각이 멈추지 않았죠. 그때마다 〈밑미레터〉 고민 상담소의 승승 님의 답변에 늘 깊은 위안을 받았어요. 완벽하지 않고 실수투성이인 나도 충분히 사랑해줄 가치가 있다는 걸, 누군가 정답을 휙 던져줄 정도로 삶은 단순하지 않지만 그래서 누군가의 한마디에 깊게 공감하고 위로받을 수 있다는 걸, 때로는 그 한마디가 살아가는 이유가 될 수도 있다는 걸 매주 승승 님이 보내주는 답변에서 배우고 느꼈거든요.

〈밑미레터〉에서 받은 그 감동을 알리고 싶어 겁도 없이 책을 만들기로 작정했지만, 그 과정이 이렇게 힘들 줄 알았다면 아마 시작하지 못했을 것 같아요. 혼자였으면 절대 하지 못했을 작업이지만 역시 함께한 덕분에 지금 이렇게 에필로그를 적고 있네요. 4년이 넘는 긴 시간 동안 매주 진심 어린 공감의 편지글을 전해주시고 책을 만들자는 제안에 묻지도 따지지도 않고 흔쾌히 응해주신 승승 님, 책을 만들고 싶다는 마음만 가득해서 길을 잃고 있었을 때 책이 나아갈 방향을 제시해주신 편집자님, 매주 〈밑미레터〉를 읽어주시고 〈밑미레터〉를 읽으며 위로받고 성장한다고 이야기해주시고 〈밑미레터〉를 책으로도 보고 싶다고 해주신 감사한 구독자님들, 무엇보다 용기 내서 자신의 고민을 직면하고 나눠주신 사연자분들께 진심으로 감사의 말씀을 드리고 싶어요.

다행히 이제는 〈밑미레터〉를 쓸 때 자괴감을 느끼지 않아요. 이 책을 쓰다 때때로 진도가 잘 나가지 않아 괴로울 때도 예전처럼 자책하지 않았던 이유는 이 책에 실린 승승님의 따뜻한 위로와 공감 그리고 우리 마음을 더 자세히 있는 그대로 볼 수 있게 도와주는 지혜 덕분인 것 같아요.

이 책을 읽는다고 갑자기 고민이 사라지거나 한순간에 나를 믿고 사랑하는 마법이 일어나진 않을 거예요. 그래도 하나는 약속할 수 있어요. 완벽하지 않고 허점투성이고 모순적인 내 모습에 괴로운 순간들은 계속 찾아올 테지만 그 상황을 좀 더 편안하게 받아들이는 마음의 유연성은 조금, 어쩌면 많이 생길 거라고 말이죠.

_밑미 은지

매주 〈밑미레터〉 담당자인 은지 님에게 고민을 전달받으면 대부분 아무런 자료 조사 없이 바로 답변을 썼어요. 잘 이해가 가지 않는 사연은 여러 번 읽고 답변을 쓰느라 서너 시간 이상이 걸리기도 했지만 그 과정이 크게 어렵지는 않았어요. 많은 사람이 읽을 심리전문가의 칼럼을 쓰는 게 아니라 고민 상담소에 도착한 편지의 답장을 쓰는 마음이었거든요. 사연자의 닉네임으로 농담도 하고, 부끄러운 제 경험도 쓰고, 때로는 같이 화내거나 어이없어하기도 하고, 괜히 혼자 찡해져서 사람 많은 사무실에서 찔찔 울기도 했어요.

전문적인 정보와 적절한 행동 지침을 주는 상담 글은 다른 분들이 잘 쓰시니 나는 가만히 곁에서 들어주는, 떠는 손을 꼭 잡아주는, 움츠린 어깨를 토닥이는, 지금까지 잘 살아왔고 오늘의 당신도 참 아름답다는 말을 건네는, 나도 사실은 사는 게 무섭고 힘들다고 같이 우는 편지를 썼어요. 나만은 끝까지 내 편이 돼주자고, 그것도 힘들 때는 나를 믿어주는 사람들의 사랑에 기대어 살아도 괜찮다고, 나라도 당신의 편이 돼 응원을 보내겠다는 이야기만 반복해서 말하고 또 말했어요. 종종 '어쩔 수 없어. 이게 나의 최선이야. 괜찮아, 괜찮아'라고 스스로를 달래야 할 때도 있었어요. 그렇게 쓴 글이 책으로 나왔네요, 우아!

매주 〈밑미레터〉에서는 제 답변을 좋다고 말해줘서 저를 계속 쓸 수 있게 하더니, 책으로 만들면서는 제 글에 없는 위대한 인물들의 지혜와 구체적이고 적절한 지식을 더해준 은지 님께 고마운 마음을 전하고 싶어요. 은지 님은 주눅 든 저에게 제 글이 이 책의 심장이라고 말했지만, 은지 님이 쓴 글은 이 책의 두뇌이자 피와 살이에요. 편집자님의 기획과 제안, 독려와 응원이 아니었다면 이 낱장의 편지들은 결코 책이 되지 못했을 거예요. 처음부터 끝까지 든든한 힘(아마도 골격!)이 돼주셔서 진심으로 감사해요.

하지만 이 책의 주인공은 저희의 답변이 아니라, 더욱 성장하고자 용기를 내어 고민을 보낸 동글, 젤리, 토란, 미로, 소리, 고요, 비비, 샤이, 호야, 나무, 망고, 에디, 가을, 레이, 우디, 던, 멜론, 새벽, 호이, 안개, 잎새, 희희, 블루, 다람, 로하, 소피, 마루, 구름, 타라, 소이입니다. 이 책에 실리지는 않았지만 고민 상담소에 자신의 고민을 보낸 모든 분들을 호명하고 싶어요. 매주 당신들의 마음에 공감하고 답하며 제가 배운 사랑이 아주 큽니다. 정말 고맙습니다.

끝으로 이 책에서 제가 쓴 모든 좋은 것들은 제가 받은 사랑에서 나왔습니다. 제가 잘 살고 있어서 하는 말이 아니라 매일 실패하는 나 자신에게 하고 또 하는 다짐입니다. 부디 슬픈 일 많은 이 세상에서 당신과 나의 오늘이 평안하기를, 사는 내내 사랑받고 사랑하기를 바랍니다. 응원을 보냅니다. 고맙습니다.

_슝슝

급할 것도 없고요, 정답도 없습니다

초판 1쇄 발행 2024년 7월 10일
초판 2쇄 발행 2024년 11월 22일

지은이 밑미, 슝슝
펴낸이 최순영

출판2본부장 박태근
경제경영 팀장 류혜정
편집 진송이
디자인 윤정아

펴낸곳 ㈜위즈덤하우스 **출판등록** 2000년 5월 23일 제13-1071호
주소 서울특별시 마포구 양화로 19 합정오피스빌딩 17층
전화 02) 2179-5600 **홈페이지** www.wisdomhouse.co.kr

ⓒ 밑미, 슝슝, 2024

ISBN 979-11-7171-186-4 03190

- 이 책의 전부 또는 일부 내용을 재사용하려면 반드시 사전에 저작권자와
  ㈜위즈덤하우스의 동의를 받아야 합니다.
- 인쇄·제작 및 유통상의 파본 도서는 구입하신 서점에서 바꿔드립니다.
- 책값은 뒤표지에 있습니다.